"十三五"职业教育国家规划教材

全国应用型高校3D打印领域人才培养"十三五"规划教材

◎顾　问　卢秉恒　　◎丛书主编　史玉升　朱　红

3D打印实训指导

主　编　杨振国　李华雄　王　晖

副主编　肖宏涛　刘　璇　刘　俊　周登攀

主　审　李大成

华中科技大学出版社

中国·武汉

内容简介

本书主要介绍3D打印基础之数据采集和制作(三维数据化建模软件使用介绍),常用的3D打印机的使用方法,包括打印设置、操作、常规保养和日常维护等。

本书为高等职业院校机械制造类、机电设备类、机电一体化等相关专业3D打印教学和培训教材。本书内容按48学时编写,选用本书者可以根据3D打印设备的实际情况选择教学内容和确定学时。

图书在版编目(CIP)数据

3D打印实训指导/杨振国,李华雄,王晖主编.—武汉:华中科技大学出版社,2019.1(2021.12重印)

全国应用型高校3D打印领域人才培养“十三五”规划教材

ISBN 978-7-5680-2923-0

Ⅰ.①3… Ⅱ.①杨… ②李… ③王… Ⅲ.①立体印刷-印刷术-高等职业教育-教材 Ⅳ.①TS853

中国版本图书馆CIP数据核字(2017)第126908号

3D打印实训指导

3D Dayin Shixun Zhidao

杨振国 李华雄 王 晖 主编

策划编辑:张少奇
责任编辑:吴 晗
封面设计:杨玉凡
责任监印:周治超
出版发行:华中科技大学出版社(中国·武汉) 电话:(027)81321913
武汉市东湖新技术开发区华工科技园 邮编:430223
录 排:武汉楚海文化传播有限公司
印 刷:武汉科源印刷设计有限公司
开 本:710mm×1000mm 1/16
印 张:9.25
字 数:186千字
版 次:2021年12月第1版第5次印刷
定 价:32.00元

全国应用型高校3D打印领域人才培养"十三五"规划教材

编审委员会

序

3D打印技术也称增材制造技术、快速成形技术、快速原型制造技术等，是近30年来全球先进制造领域兴起的一项集光/机/电、计算机、数控及新材料于一体的先进制造技术。它不需要传统的刀具和夹具，利用三维设计数据在一台设备上由程序控制自动地制造出任意复杂形状的零件，可实现任意复杂结构的整体制造。如同蒸汽机引发的工业革命一样，3D打印技术符合现代和未来制造业对产品个性化、定制化、特殊化需求日益增加的发展趋势，被视为“一项将要改变世界的技术”，已引起全球关注。

3D打印技术将使制造活动更加简单，使得每个家庭、每个人都有可能成为创造者。这一发展方向将给社会的生产和生活方式带来新的变革，同时将对制造业的产品设计、制造工艺、制造装备及生产线、材料制备、相关工业标准、制造企业形态乃至整个传统制造体系产生全面、深刻的影响：①拓展产品创意与创新空间，优化产品性能；②极大地降低产品研发创新成本、缩短创新研发周期；③能制造出传统工艺无法加工的零部件，极大地增加工艺实现能力；④与传统制造工艺结合，能极大地优化和提升工艺性能；⑤是实现绿色制造的重要途径；⑥将全面改变产品的研发、制造和服务模式，促进制造与服务融合发展，支持个性化定制等高级创新制造模式的实现。

随着3D打印技术在各行各业的广泛应用，社会对相关专业技能人才的需求也越来越旺盛，很多应用型本科院校和高职高专院校都迫切希望开设3D打印专业(方向)。但是目前没有一套完整的适合该层次人才培养的教材。为此，我们组织了相关专家和高校的一线教师，编写了这套3D打印技术教材，希望能够系统地讲解3D打印及相关应用技术，培养出满足社会需求的3D打印人才。

本套书的编写和出版过程，得到了很多单位和专家学者的支持和帮助，西安交通大学卢秉恒院士担任本套书的顾问，很多在一线从事3D打印技术教学工作的教师参与了具体的编写工作，也得到了许多3D打印企业和湖北省3D打印产业技术创新战略联盟等行业组织的大力支持，在此不一一列举，一并表示感谢！

我们希望该套书能够比较科学、系统、客观地向读者介绍3D打印这一新兴制造技术，使读者对该技术的发展有一个比较全面的认识，也为推动我国3D打印技术与产业的发展贡献一份力量。本套书可作为应用型高校机械工程专业、材料工程专业及职业教育制造工程类的教材与参考书，也可作为产品开发与相关行业技术人员的参考书。

我们想使本套书能够尽量满足不同层次使用的需求，故涉及的内容非常广泛，但由于我们的水平和能力有限，编写过程中的疏漏和不足在所难免，殷切地希望读者批评指正。

史玉升

2017 年 7 月于华中科技大学

前　言

3D打印技术是一种新兴的先进制造技术，是一项集光/机/电、计算机、数控和材料等于一体的增材制造技术，问世30多年以来，随着计算机辅助技术等的高速发展，3D打印技术在很多行业已得到广泛应用，在改造传统产业、形成高新技术产业、提升制造业的产业结构等方面发挥了非常重要的作用。

为了更好地适应现代制造业的发展，提高普通大众的3D打印的操作水平，多位讲授3D打印的专任教师根据自己的教学经验，结合3D打印机器的实际操作方法，编写了本书。

本书由佛山职业技术学院杨振国、李华雄和王晖任主编，由佛山职业技术学院肖宏涛、刘璇、刘俊，长江工程职业技术学院周登攀任副主编。

本书由佛山职业技术学院李大成教授任主审。

由于编者水平有限，书中错误和不足之处在所难免，恳请读者批评指正。

编　者

2018.12

目　　录

项目一　3D 打印前端模型设计

近年来，3D 打印技术逐渐走入人们的日常生活，尤其在工业设计、模具开发等领域，3D 打印技术表现突出。同时，3D 打印技术在医疗、建筑、制造及食品等行业的应用前景也非常广阔。在 3D 打印的整个过程中，起主导作用的就是建模，只有进行了 3D 建模，才能用 3D 打印机将建模的数据打印成型。

学习目标

(1)了解 3D 打印的流程；

(2)了解 3D 建模软件的类型及主要功能；

(3)掌握 3D 建模的技巧及方法。

任务一　3D 打印主流建模软件

模型设计是 3D 打印的初始阶段，也称 3D 打印前端，是整个打印的灵魂所在。建模一直是普通人实现设计想法的最大难题，随着信息技术的不断发展，建模也不再那么难了，可以绘制 3D 图形的建模软件有很多，主要分为如图 1-1-1 所示的四种类型。

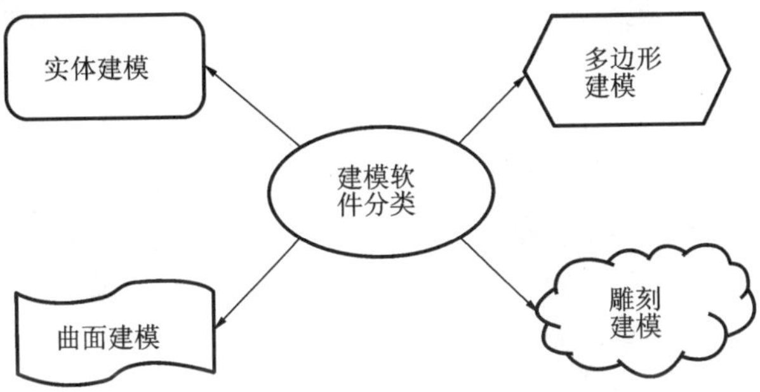

图 1-1-1　建模软件分类

3D 打印建模的成型原理各不同，但最终打印成品的流程基本是一致的。

3D 打印具体可以划分为 3 个阶段：前端数据源阶段(该阶段可分模型设计与切片阶段)、打印、后期处理。

一、实体建模软件

常用的实体建模软件如图 1-1-2 所示。

图 1-1-2　实体建模软件

实体建模是指将绘制的二维草绘图创建成三维实体,并应用其他特征最后生成所要的模型的过程。常用的方式有拉伸、扫掠、混合、旋转及布尔运算等,如图 1-1-3所示。

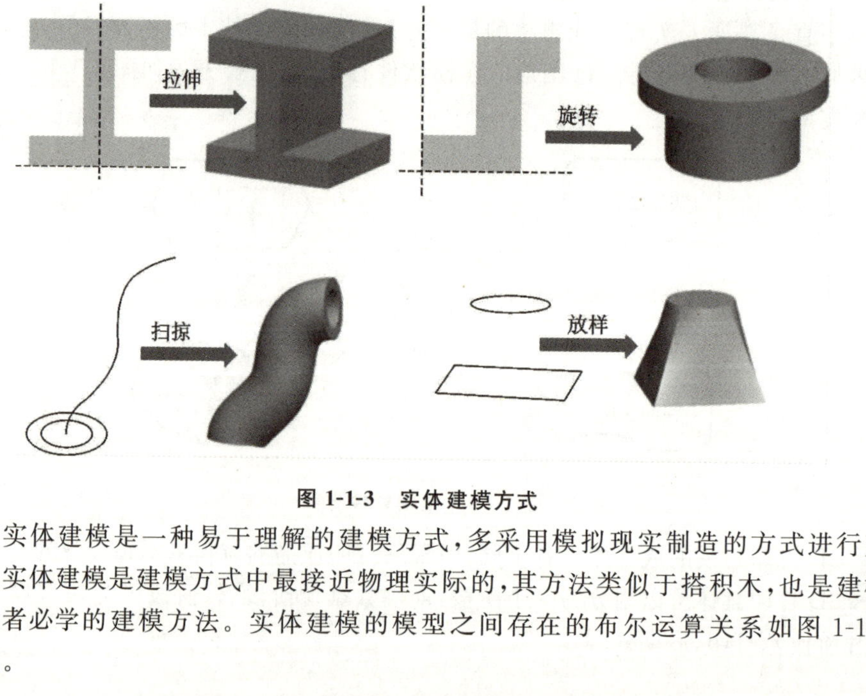

图 1-1-3　实体建模方式

实体建模是一种易于理解的建模方式,多采用模拟现实制造的方式进行建模。实体建模是建模方式中最接近物理实际的,其方法类似于搭积木,也是建模初学者必学的建模方法。实体建模的模型之间存在的布尔运算关系如图 1-1-4 所示。

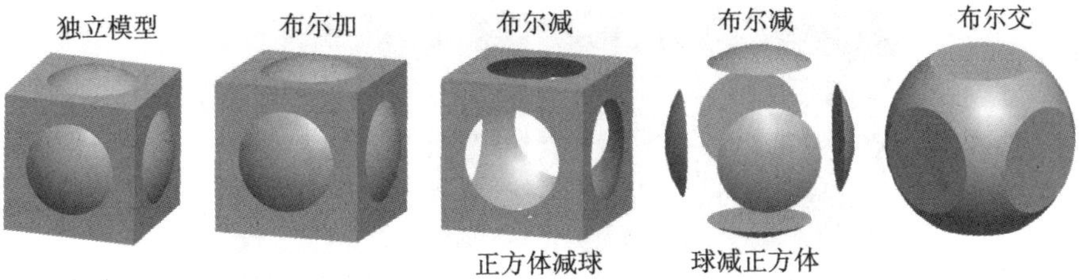

图 1-1-4　模型之间的关系

二、曲面建模软件

常用的曲面建模软件如图 1-1-5 所示。

图 1-1-5　曲面建模软件

曲面建模也称为 NURBS 建模，是由曲线组成曲面，再由曲面组成立体模型的过程。曲面建模主要使用的领域有船舶设计、汽车造型设计、产品造型设计等。

曲面建模的最大特点是，可以在调节很少点的情况下做出特别平滑的曲面（见图 1-1-6），但生成一条有棱角的边是很困难的。根据这一特点，我们可以用它做出各种复杂造型和表现特殊的效果，如人的面貌或流线型的跑车等。曲面建模的流程如图 1-1-7 所示。

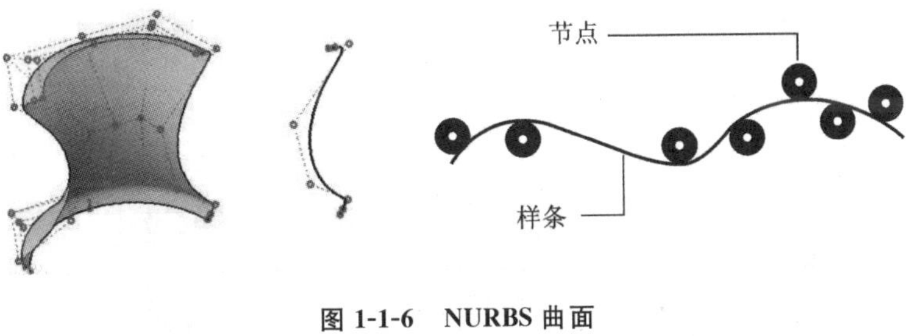

图 1-1-6　NURBS 曲面

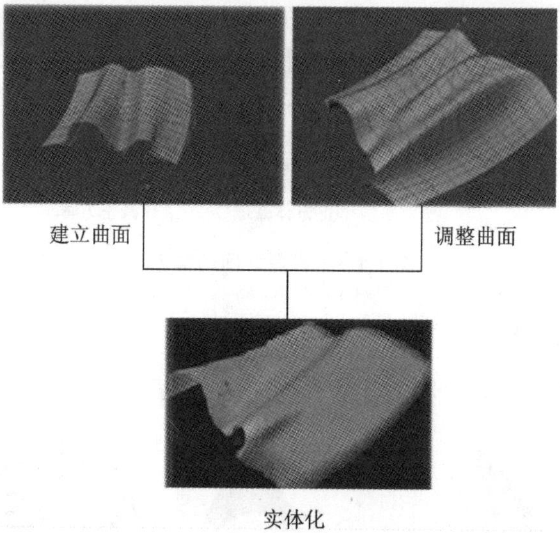

图 1-1-7　曲面建模流程

三、多边形建模软件

常用的多边形建模软件如图 1-1-8 所示。

SketchUp　AUTODESK® 3DS MAX®
blender™　AUTODESK MAYA

图 1-1-8　多边形建模软件

多边形建模是将一个对象转化为可编辑的各种子对象进行编辑和修改，从而实现建模的过程。子对象一般有三种模式：节点、边、多边形面。

多边形从技术角度来讲比较容易掌握，在创建复杂表面时，细节部分可以任意加线，在结构穿插关系很复杂的模型中就能体现出它的优势。不同于曲面建模，多边形建模的调节点是模型本身的点。多边形建模示例如图 1-1-9、图 1-1-10 所示。

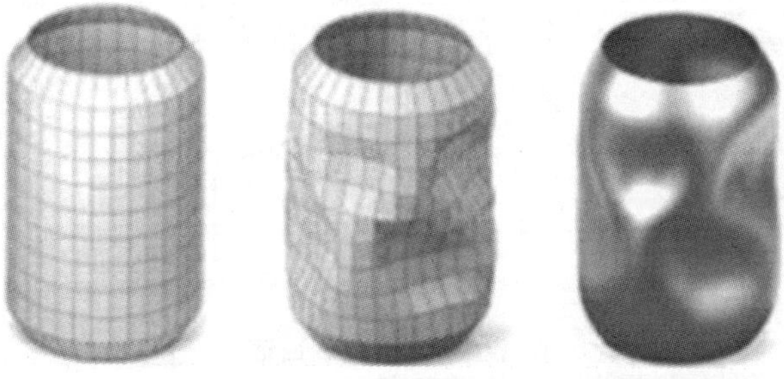

图 1-1-9　多边形建模示例 1

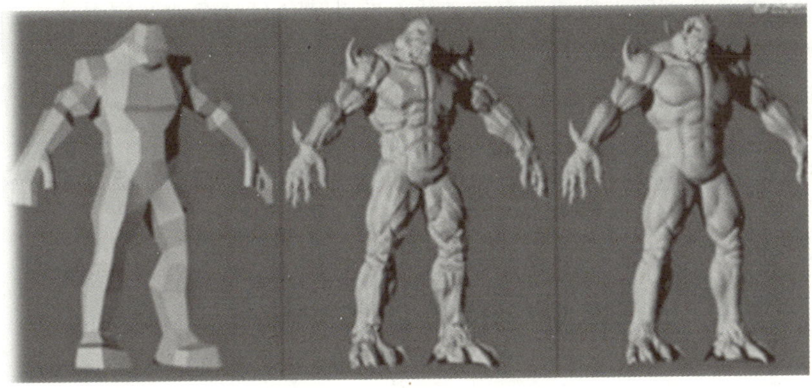

图 1-1-10　多边形建模示例 2

四、雕刻建模软件

常用的雕刻建模软件如图 1-1-11 所示。

图 1-1-11　雕刻建模软件

雕刻建模是指用虚拟的笔刷在一个网格物体上刷动，以将网格物体的形态改变成创造者想要的形态。雕刻建模类似于捏橡皮泥。

雕刻建模可以快速制作好模型的框架，再将模型框架转换为网格物体，然后使用雕刻笔刷绘制细节，其制作流程如图 1-1-12 所示。

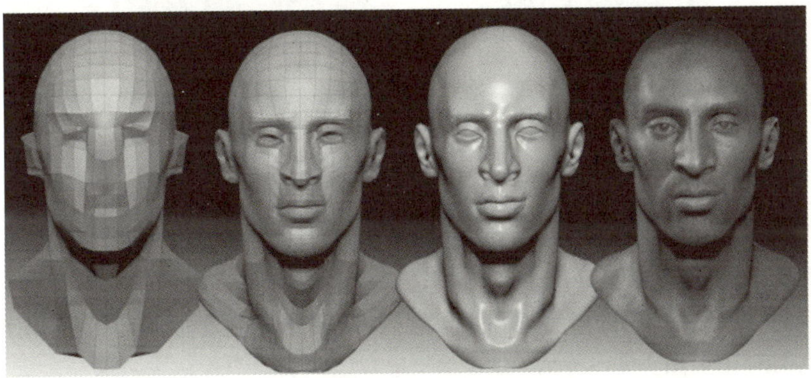

图 1-1-12　雕刻建模流程

以上就是几种常见的建模方法。新手可以结合自身专业和学习能力，学习其中一种建模方法。3D打印建模方法中，实体建模最易于新手学习；多边形建模是比较自由的建模方式，适合进阶学习；曲面建模普遍应用于工业设计领域，需要一定设计经验；而雕刻建模需要有一定的美术基础，上手难度较大。对于3D打印来说，实体建模最为合适，因为其模型精度，以及与3D打印机的结合度都比较高，模型数据更加严谨、合理、精确，有助于设计更满意的产品。

任务二　3D打印模型数据要求

3D打印前端数据输入，包括三维模型的设计并导出为STL格式文件。STL格式将复杂的数字模型以一系列的三维三角形面片来近似表达。STL格式的模型是一种空间封闭的、有界的、正则的唯一表达的物体模型，具有点、线、面的几何信息，能够输入给快速成形设备，用于快速制作实物样品。

一、物体模型必须为封闭的

3D软件建模的模型必须是完整的，导出为STL文件时可检测是否存在烂面、坏边。如图1-2-1所示，左边的模型是封闭的，右边的模型不封闭，显示界面以红色显示不封闭的边界。

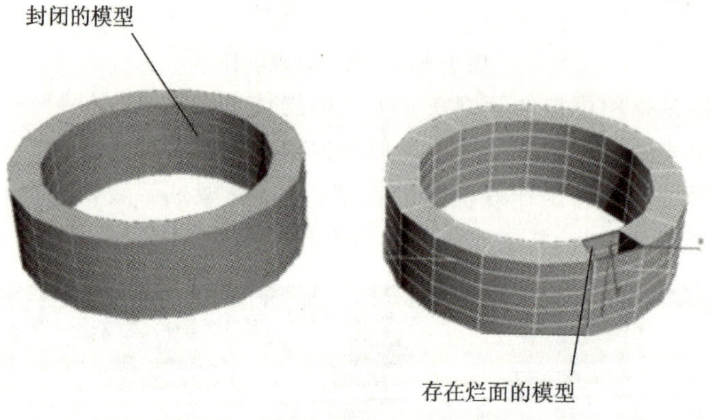

图1-2-1　封闭与不封闭模型对比

二、物体需要厚度，不能是片体

在计算机动画(computer graphics，CG)行业，一些模型通常都是以面片的形式存在的，但是现实中的模型不存零厚度，必须要给模型增加厚度，实体模型与片体模型的对比如图1-2-2所示。

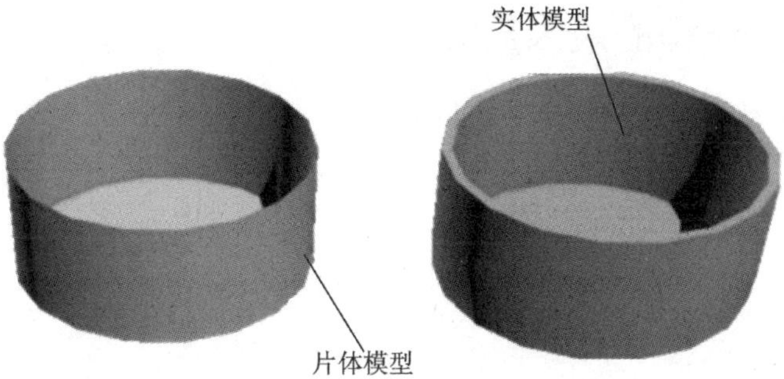

图 1-2-2　实体模型与片体模型对比

三、物体模型必须为流形

流形(manifold)的完整定义请参考数学定义。对于两个以上相邻的模型，一个网格数据中存在多个面共享一条边，那么它就是非流形的(non-manifold)。如图 1-2-3 所示两个立方体只有一条共同的边，此边为四个面共享，此模型为非流形的。

图 1-2-3　共享边实体模型

四、正确的法线方向

模型中所有的面法线需要指向一个正确的方向。如果模型中包含了错误的法线方向，打印机就不能够判断出是模型的内部还是外部，如图 1-2-4 所示。

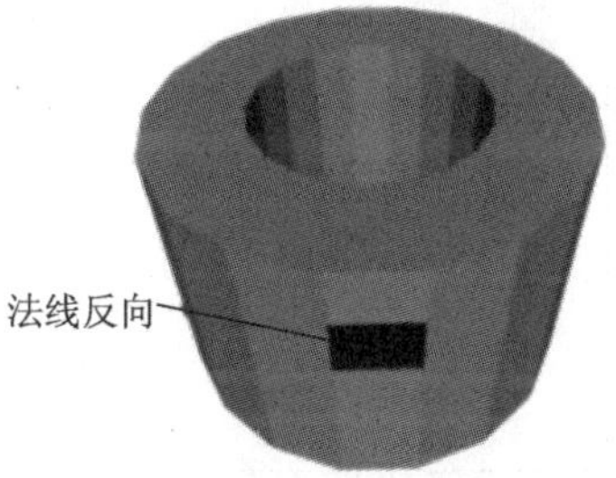

图 1-2-4　错误的模型法线方向

五、物体模型的最大尺寸

物体模型最大尺寸是根据3D打印机可打印的最大尺寸而定的。当模型的尺寸超过3D打印机的打印范围，模型就不能完整地被打印出来，如图1-2-5所示。在Cura软件中，当模型的尺寸超过了设置机器的尺寸时，模型就显示灰色。

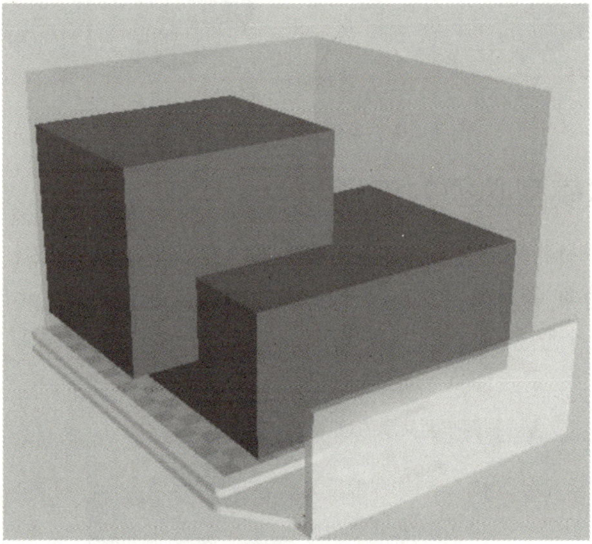

图1-2-5　模型超过3D打印机打印范围

六、物体模型的最小厚度要求

打印机的喷嘴直径是一定的，打印模型的壁厚要考虑到打印机能打印的最小壁厚，不然，就会出现失败或者错误的模型。熔融挤压成型一般最小厚度为1mm，如图1-2-6所示，不同的3D打印机略有不同。

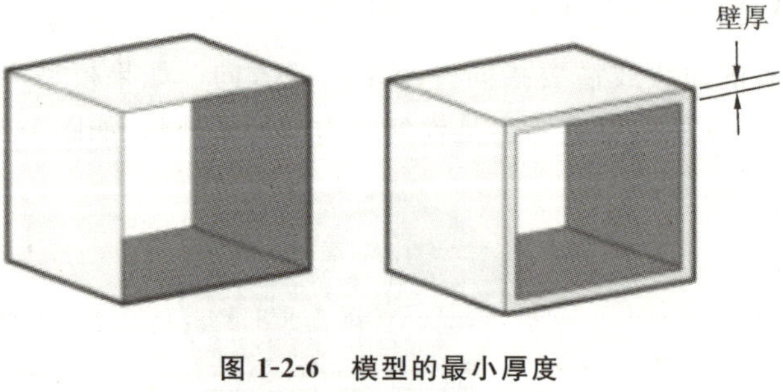

图1-2-6　模型的最小厚度

七、45°原则

45°原则如图1-2-7所示。任何超过45°的突出物都需要额外的支撑材料或是很高的建模技巧来完成模型打印，而3D打印的支撑结构比较难做，添加支撑既耗费材料，又难处理，且处理之后会破坏模型的美观。

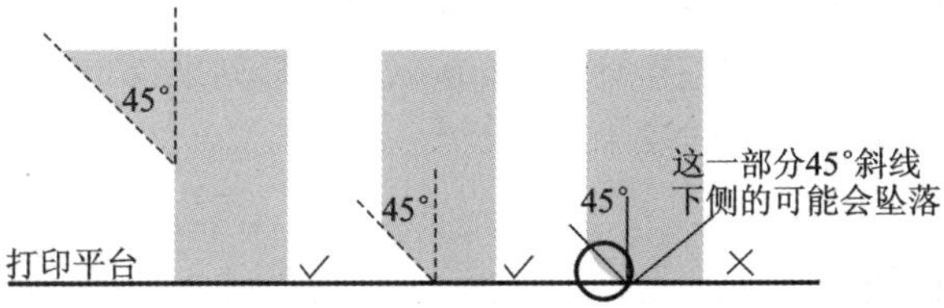

图1-2-7　支撑45°原则

八、设计打印底座

用于3D打印的模型底面最好是平坦的(见图1-2-8)，这样既能增加模型的稳定性，又不需要增加支撑。可以直接用平面截取底座获得平坦的底面，或者添加个性化的底座。

图1-2-8　设计打印底座支撑

九、预留容差度

对于需要组合装配的模型，在部件与部件之间预留足够的空间是十分重要的。在设计软件中的完全贴合并不意味着打印后模型的完全贴合，部件之间保持约0.4 mm的距离是必要的，如图1-2-9所示。

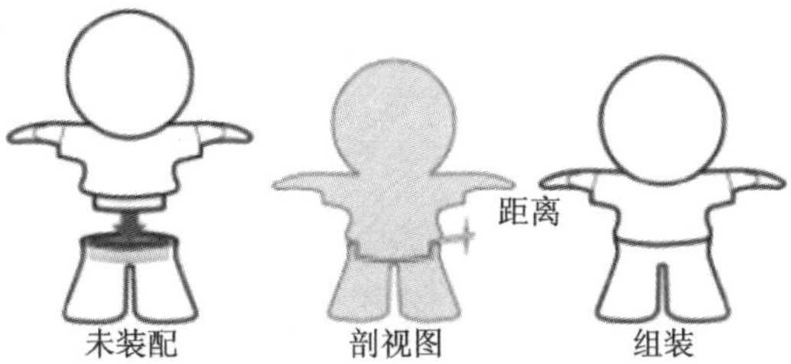

图1-2-9　预留容差度

十、阴刻和阳刻的设计

一般来说，阴刻的细节会比阳刻的细节表现得更好一些。对于阴刻的表面来说，建议线宽至少 1 mm，深度至少 0.3 mm。对于阳刻来说，建议线宽至少要 2.5 mm，深度至少 0.5 mm，如图 1-2-10 所示。

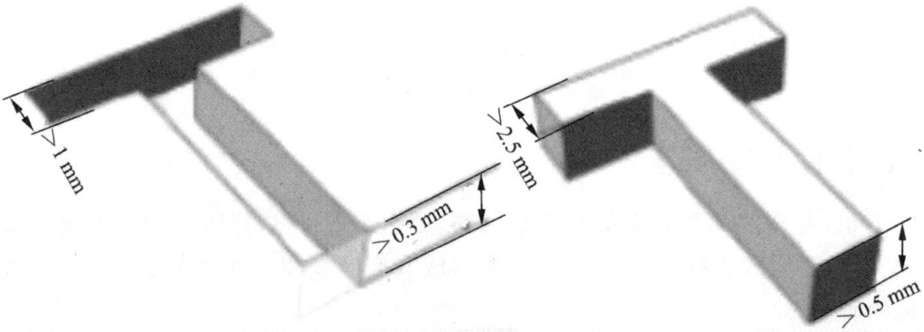

图 1-2-10　阴刻和阳刻的设计

项目二　3D 打印逆向设计

学习目标

(1)了解逆向工程的概念及其实现的步骤;

(2)掌握逆向工程常用软件的使用方法。

任务一　逆向工程概述

学习逆向工程的前提是要了解其概念和所需要的软件和设备。本任务主要是向大家讲解逆向工程的绘图软件 Geomagic Design X。

Geomagic Design X 为 3D Systems 公司旗下的产品,其前身是 Rapid Form。该软件提供了新一代运算模式,可实现将点云数据运算出无接缝的多边形曲面。

一、逆向工程的概念

逆向工程是指将数据采集设备获取的实物样件的表面和内腔数据,输入专门反求软件中进行处理和三维重构,在计算机上再现原工件的几何形状,并在此基础上进行原样复制、修改或重设计。

二、逆向工程产生的背景及意义

传统的从未知到已知、由想象到现实的设计方式已经很难满足新的市场竞争要求,而逆向工程技术与传统的正向设计方式不同,是对已有新产品进行解剖,获得产品的设计信息,并在此基础上进行再设计,很大程度上缩短了新产品的开发周期。因此,逆向工程技术在新产品的快速创新设计方面占有绝对的优势,具有广阔的发展前景和重大的研究意义。

三、逆向工程应用领域

逆向工程在没有设计图纸或者设计图纸不完整以及没有 CAD 模型的情况

下，对零件原形进行测量而形成零件的设计图纸或 CAD 模型，并以此为依据利用快速成型技术复制出一个相同的零件原形。

当要设计需要通过实验测试才能定形的工件模型时，通常采用逆向工程的方法。

如航空航天领域，为了满足产品对空气动力学等要求，首先必须在初始设计模型的基础上经过各种性能测试（如风洞实验等）建立符合要求的产品模型，这类零件一般具有复杂的自由曲面外形，最终的实验模型将成为设计这类零件及反求其模具的依据。

在美学设计要求高的领域，例如汽车外形设计，广泛采用真实比例的木制或泥塑模型来评估设计的美学效果，而不采用在计算机屏幕上缩小比例的物体投视图的方法。

修复破损的艺术品或缺乏供应的损坏零件等时，不需要对整个零件原形进行复制，而是借助逆向工程技术抽取零件原形的设计思路指导新的设计。这是由实物逆向推理出设计思路的过程。

任务二　逆向工程实现的步骤

逆向工程的实现一般可以分为以下 4 个步骤。

第一步：零件原形的数字化。通常采用三坐标测量机（CMM）或激光扫描仪等测量装置来获取零件原形表面点的三维坐标值。

第二步：从测量数据中提取零件原形的几何特征。按测量数据的几何属性对其进行分割，采用几何特征匹配与识别的方法来获取零件原形所具有的设计与加工特征。

第三步：零件原形 CAD 模型的重建。将分割后的三维数据在 CAD 系统中分别做表面模型的拟合，并通过各表面片的求交与拼接获取零件原形表面的 CAD 模型。

第四步：重建 CAD 模型的检验与修正。根据获得的 CAD 模型重新测量和加工出样品来检验重建的 CAD 模型是否满足精度或其他试验性能指标的要求，对不满足要求者重复以上过程，直至满足零件的逆向工程设计要求。逆向工程具体的工作流程如图 2-2-1 所示。

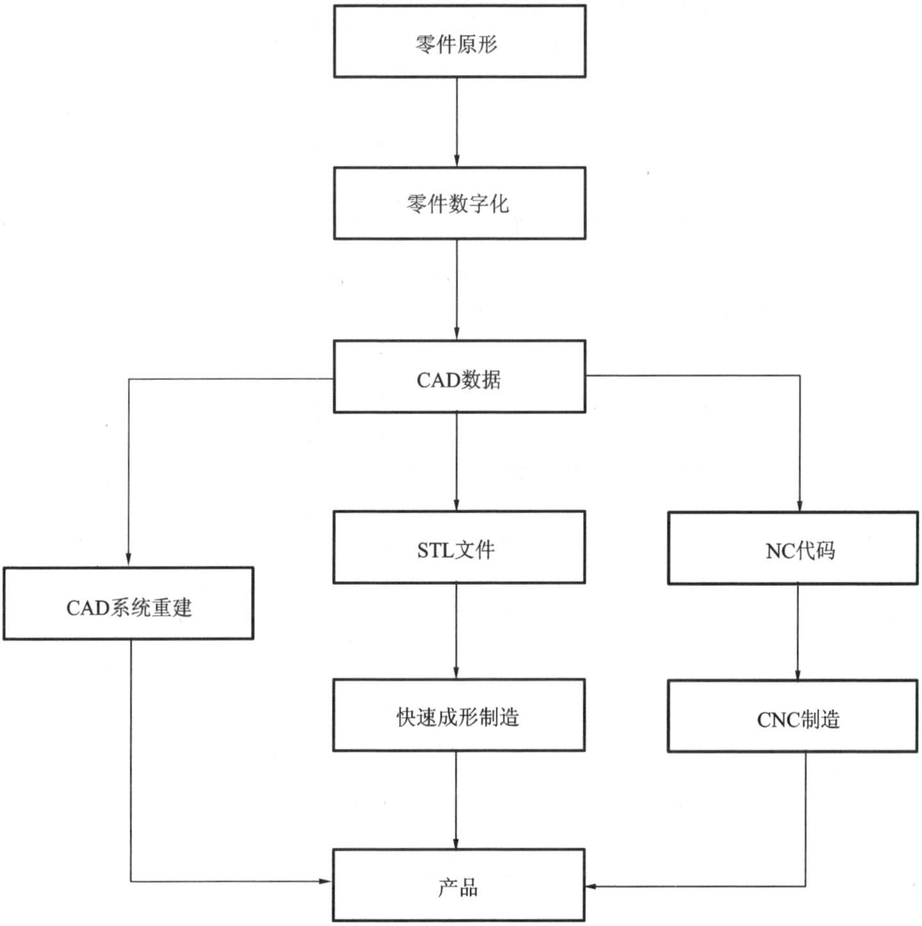

图 2-2-1　逆向工程工作流程图

目前,大多数的实物原型的逆向工程是通过图 2-2-1 所示的三种方式来达到反求目地的。

第一种实现方式是在得到零件的 CAD 数据后,将数据导入专业的 CAD 软件系统进行再设计。第二种方式是在得到零件的 CAD 数据后,自动生成零件的 NC 代码文件,然后将该文件输入数控加工机床加工出所需产品。第三种方式是在得到零件的 CAD 数据后,自动生成样品的 STL 文件,然后将该文件导入快速成形制造系统中制造出产品。

图 2-2-2 所示的为正向工程即传统设计的工作流程。

对比两种设计方法可以看出,逆向工程设计可以大大缩短产品的研发周期,据统计,逆向工程设计可以缩短正向设计产品研发周期的 40%左右。

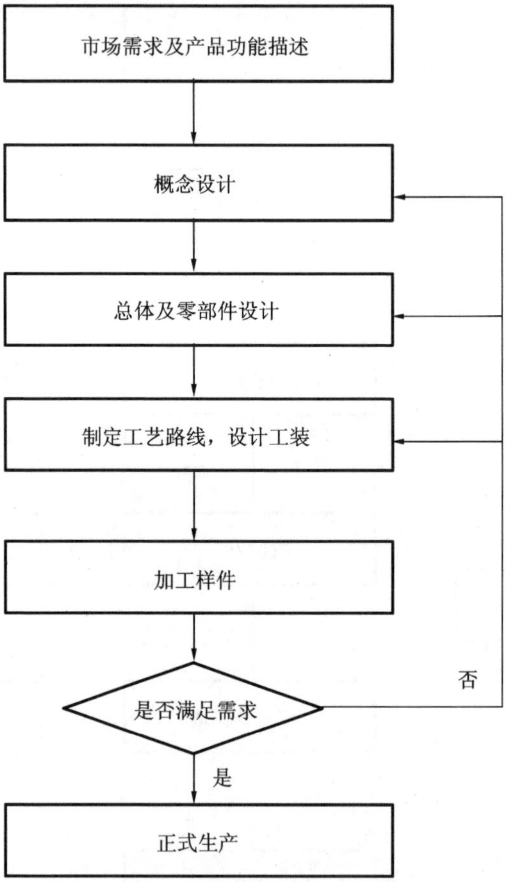

图 2-2-2　正向工程工作流程图

任务三　Geomagic Design X 软件界面的介绍

图 2-3-1 中区域 1 是软件的功能区，画图所需的功能都在此区域找得到。区域 2 为任务树，在画图过程中所画的每一个过程都会在任务树上留下记录。区域 3 中框选的功能可以选择隐藏或显示我们所需的图像。

一、对齐坐标系

很多时候我们所打开的文件坐标系是混乱的，规整的、正确的坐标系决定画图的质量和速度，下面来学习如何对齐坐标系。

打开名为“daodu”的文件，看到如图 2-3-2 所示的内容，该文件坐标混乱，不符合作图要求，按以下做法来进行调整。

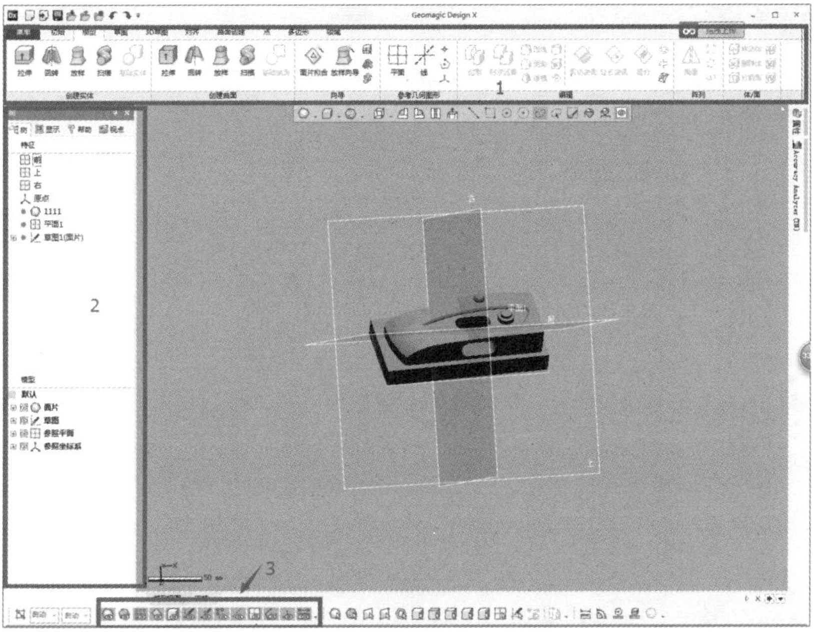

图 2-3-1

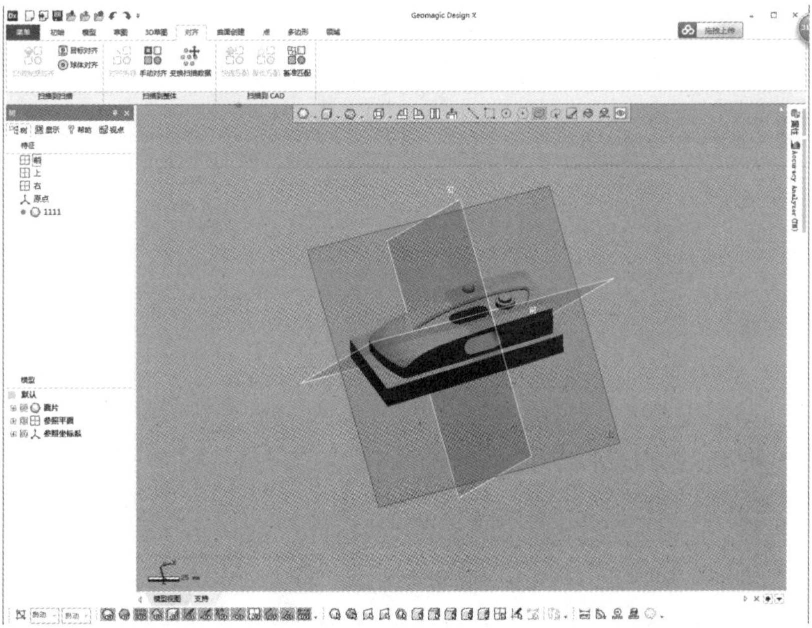

图 2-3-2

创建基本平面,“菜单”→“插入”→“参照几何形状”→“平面”,选择图 2-3-3 箭头所指的平面,创建平面 1。

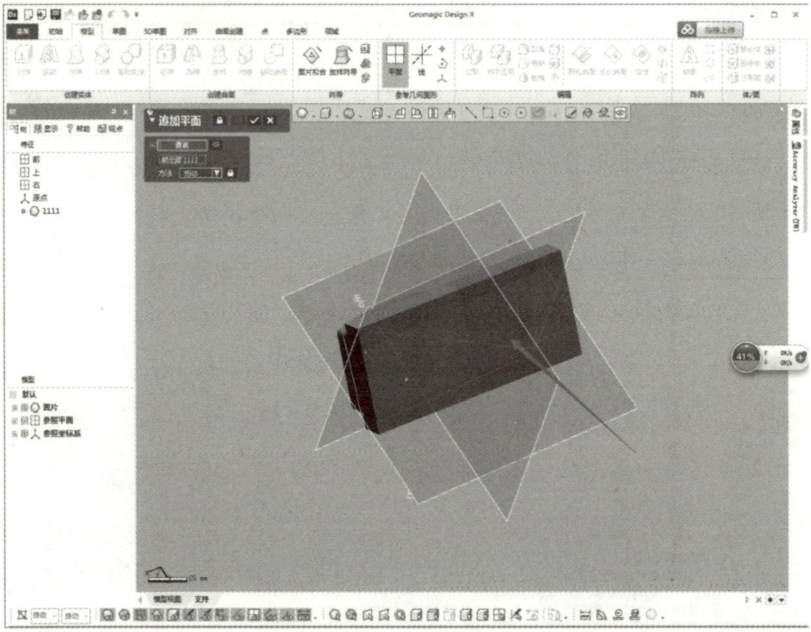

图 2-3-3

再点击面片草图，选择图 2-3-3 所画的平面 1，画出图 2-3-4 所画的两条线，短线必须是垂直于长线的，垂足为长线的中点，要有图 2-3-4 箭头所指的约束。

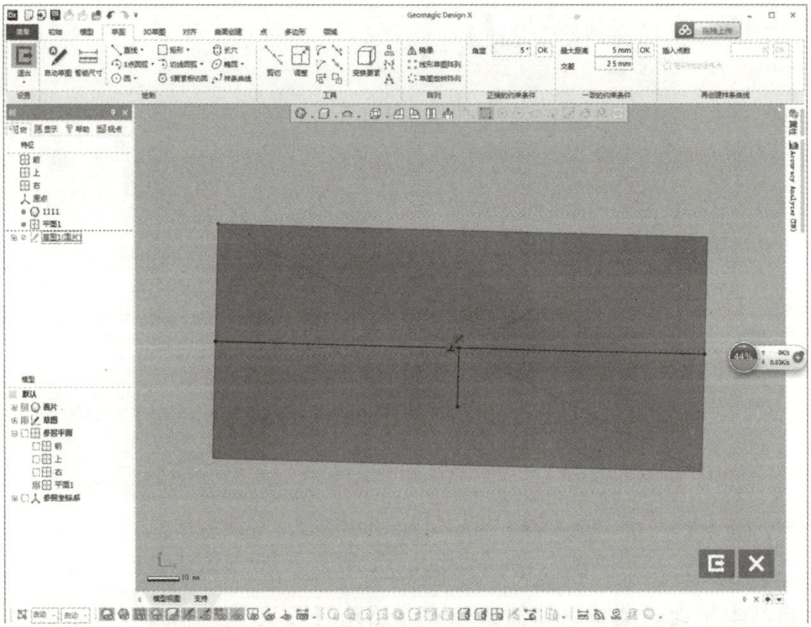

图 2-3-4

再选择“菜单”→“插入”→“曲面”→“拉伸”，选择所画的草图1进行拉伸，长度自定义，如图2-3-5所示。

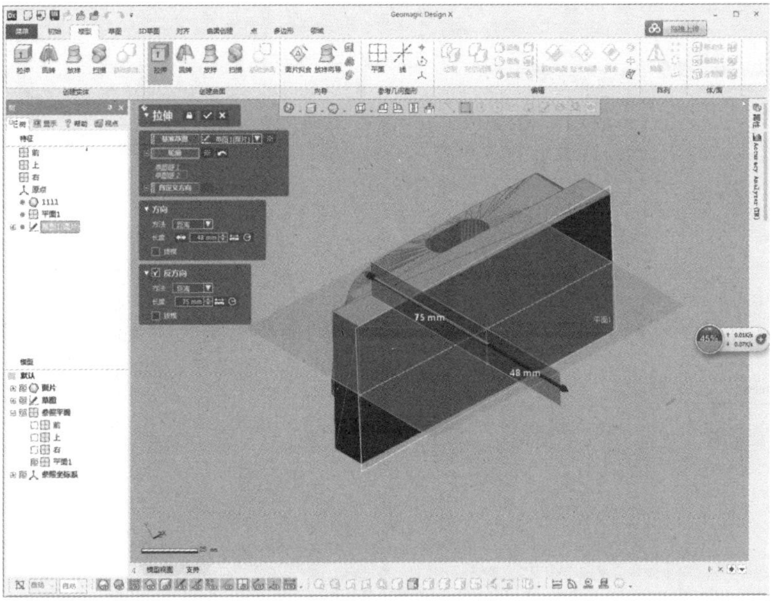

图 2-3-5

然后选择“菜单”→“工具”→“对齐”→“手动对齐”，点击“下一阶段”得到如图2-3-6所示内容。

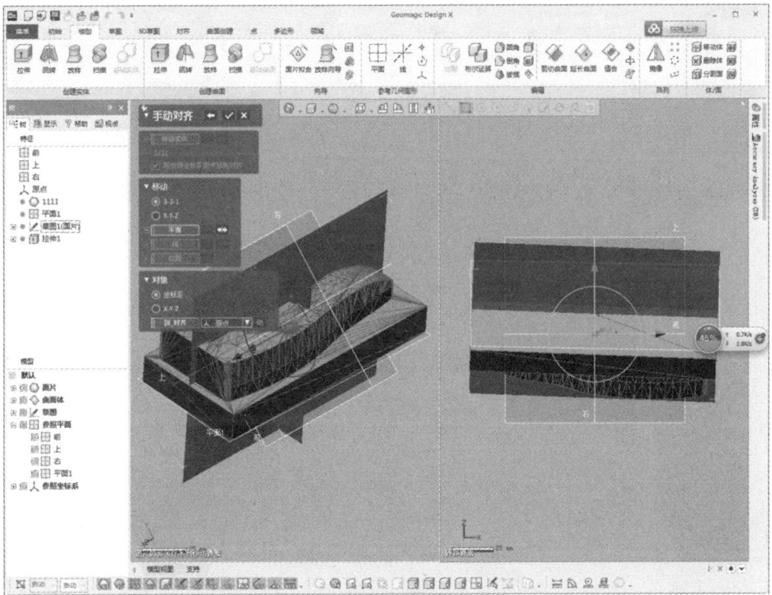

图 2-3-6

选择前面所画的三个平面，如图 2-3-7 所示。

图 2-3-7

单击“确定”按钮，隐藏平面 1 以及所拉伸的两个面片，再单击主视图，查看对齐结果，如图 2-3-8 所示。

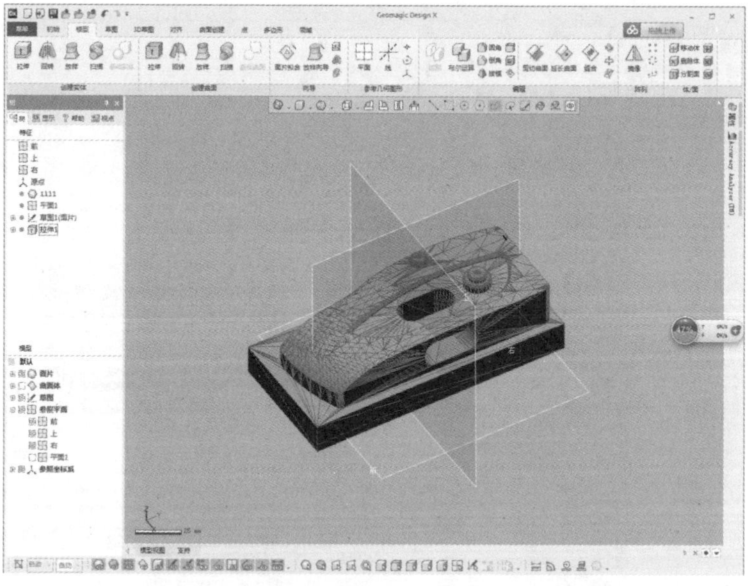

图 2-3-8

二、破损平面的修补

打开点云文件的时候，可能会有部分破损穿洞（见图 2-3-9），这些孔洞需要进行修补。

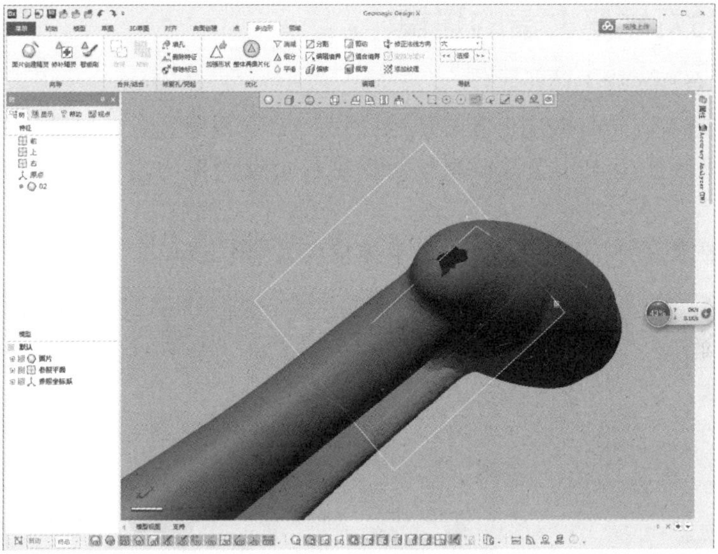

图 2-3-9

然后选择“菜单”→“工具”→“面片工具”→“填孔”，选择破损的区域，点击“确认”，完成修补，如图 2-3-10 所示。

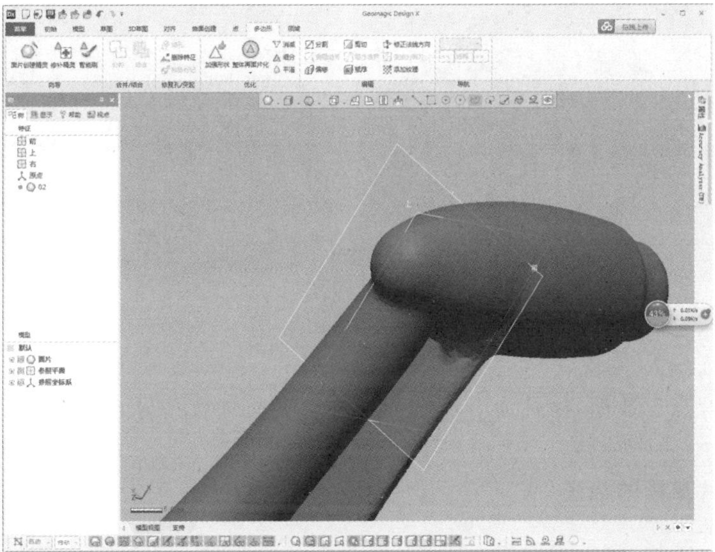

图 2-3-10

任务四　Geomagic Design X 软件实战演练

一、台灯底座上盖的建模

产品：台灯底座上盖。

说明：现有一台灯底座上盖实体（见图 2-4-1）以及通过三维扫描仪采集后未经处理的三维数据(. stl)，现需要根据数据进行复杂曲面的实体重构，以满足加工要求。

技术要求：数据完整、特征清晰、整体精度为 0.1 mm。

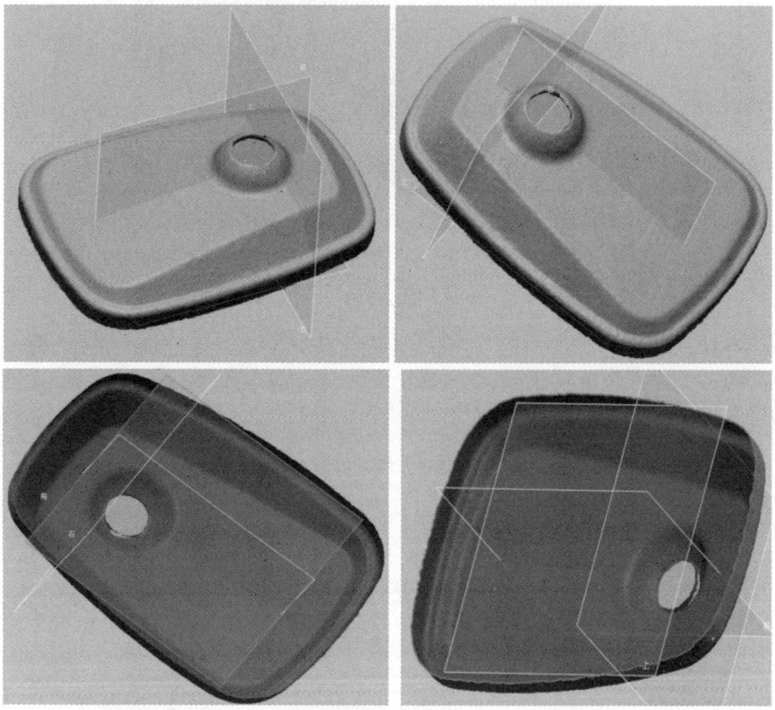

图 2-4-1

1. 点云导入

准备好点云数据，格式为 STL、OBJ，将点云文件直接导入软件中，如图 2-4-2 所示。

2. 面片草图的绘画

步骤一

单击“草图”中的“面片草图”按钮，会弹出如图 2-4-3 所示的对话框，选取图

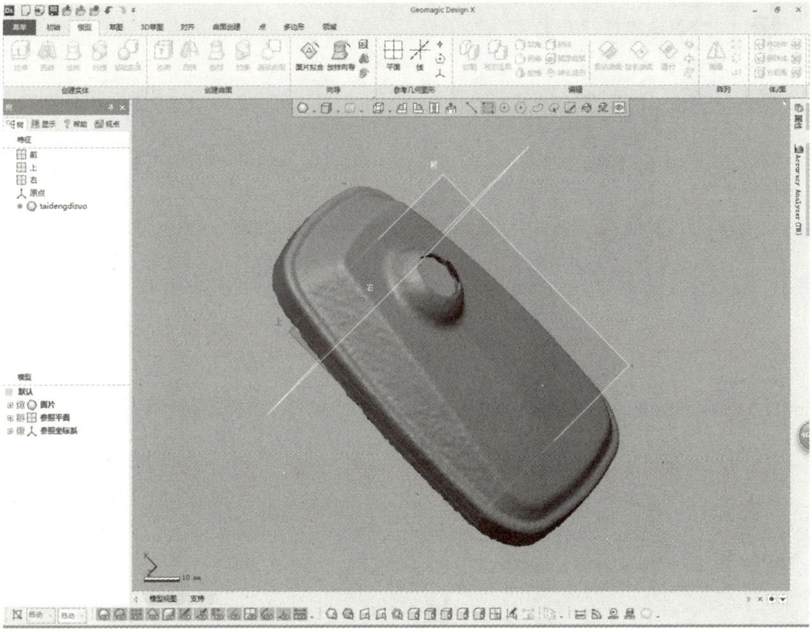

图 2-4-2

2-4-3中粗箭头所指的平面，然后微微向后拖动，再点击图 2-4-4 中粗箭头指向的 √ 按钮(以下统称“确认”键)。

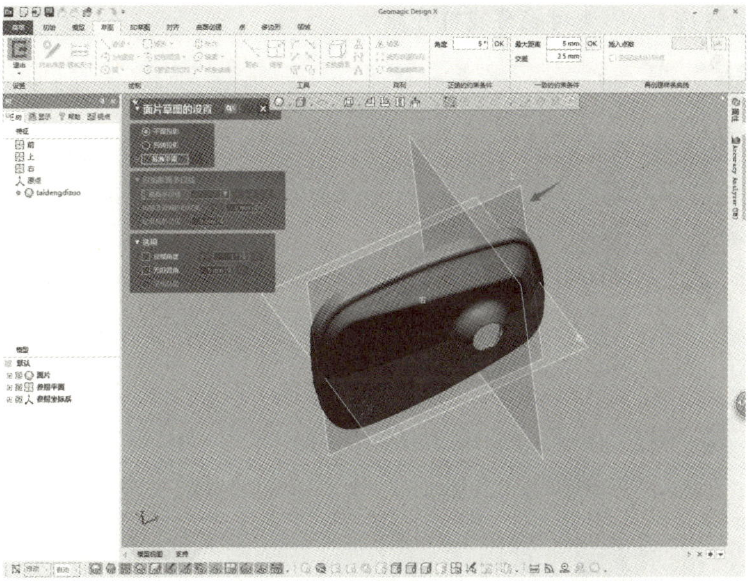

图 2-4-3

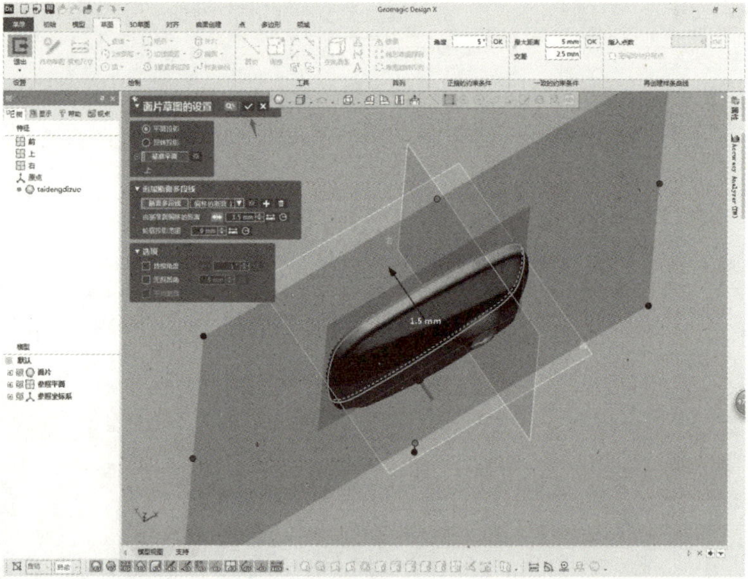

图 2-4-4

步骤二

点击图 2-4-5 中的“3 点圆弧”，描出面片草图中的线 1。“3 点圆弧”用法：点击“3 点圆弧”后分别点击如图 2-4-5 中的箭头所指的点，最后把鼠标移到线 1 处点击鼠标左键确定(剩余的线要求描成 2-4-6 中线 2 的要求，要紧贴，线 2 盖住线 1)。

小提示：按 Ctrl+1 可隐藏或打开面片。

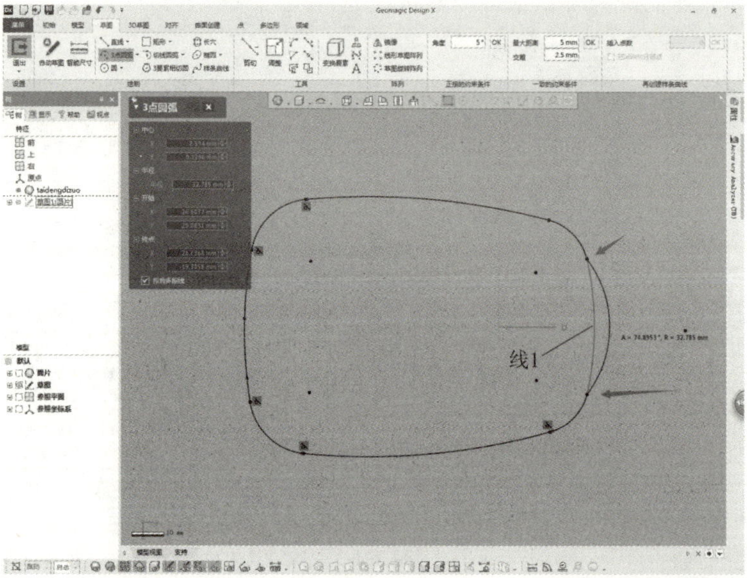

图 2-4-5

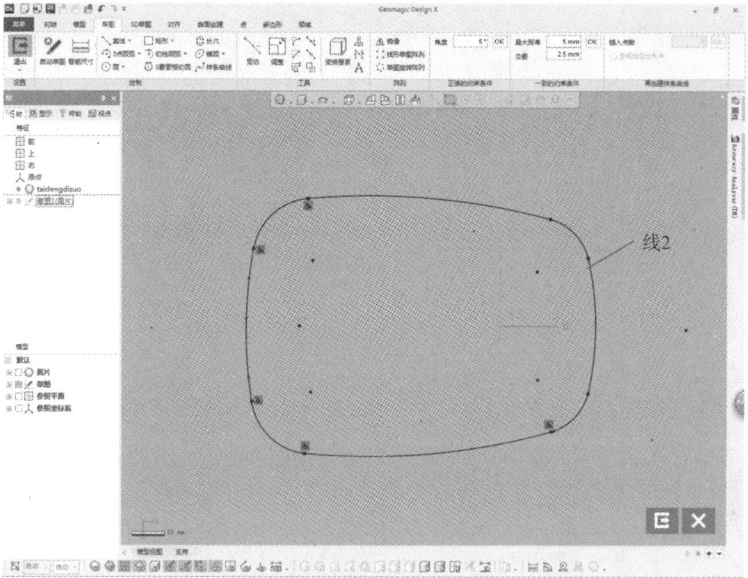

图 2-4-6

步骤三

描完线 1 后我们要对描出的线 2 进行约束，方法：先随意点击一条曲线，再按住 Shift 键双击旁边的曲线，会显示如图 2-4-7 所示的对话框，点击对话框中的“相切”选项(按照同样的步骤完成其他边的约束，如图 2-4-8 所示)。最后点击“退出”按钮，如图 2-4-9 所示。

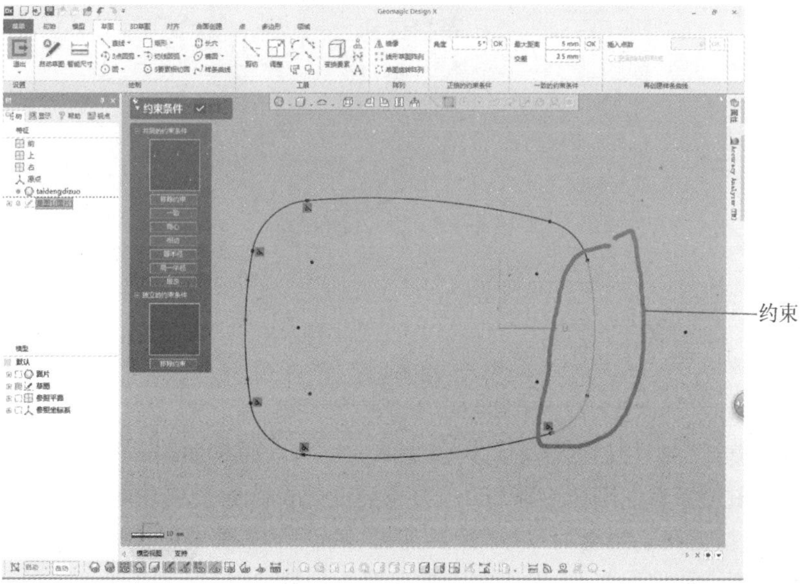

图 2-4-7

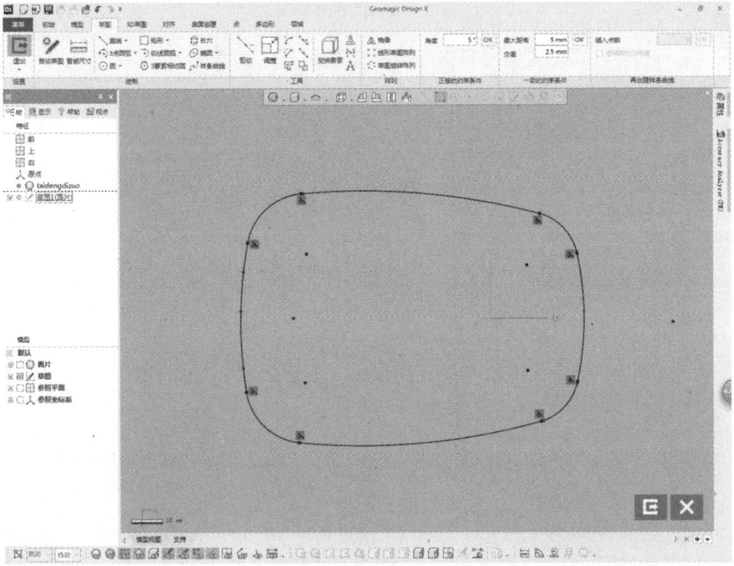

图 2-4-8

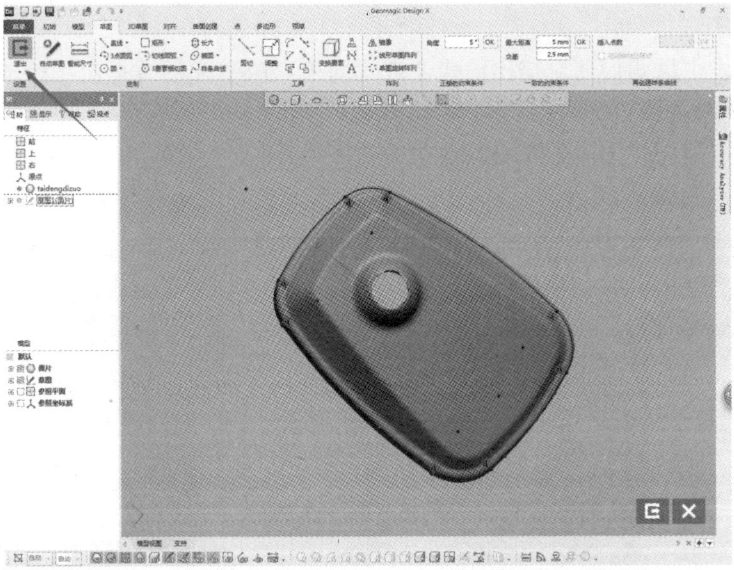

图 2-4-9

3. 拉伸

选择"模型"→"拉伸"(注意是创建实体的拉伸),弹出如图 2-4-10 所示的对话框,基准草图选择我们刚画的草图 1。拉伸到一定位置时会出现双箭头的标志,表示拉伸距离接近我们想要的尺寸,最后点击"确认",完成如图 2-4-11 所示的实体(显示的距离小数位很多时,输入时一般保留一位数即可)。

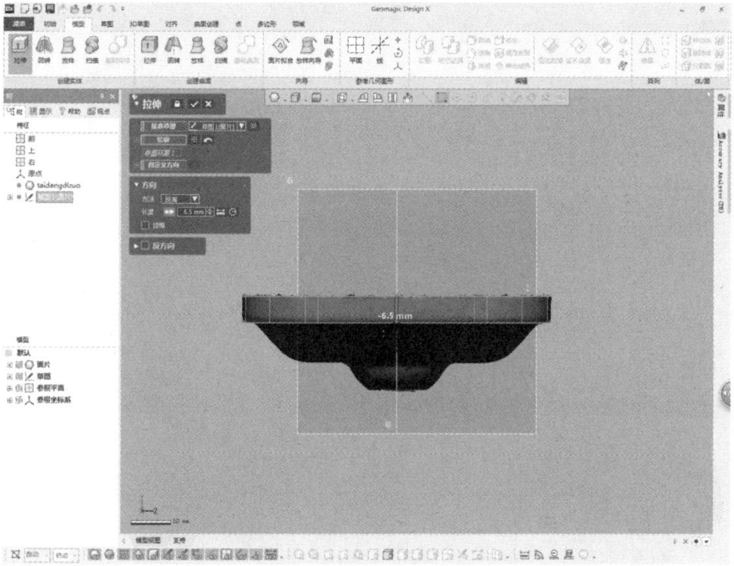

图 2-4-10

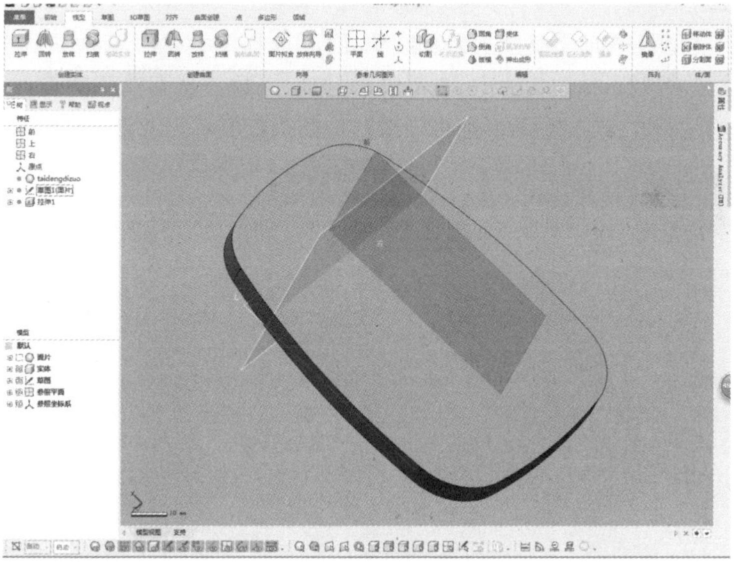

图 2-4-11

4. 通过领域组创建面

步骤一

选择“领域”画出如图 2-4-12 所示箭头 2 的领域，再点击图 2-4-12 箭头 1 所指的“插入”，完成领域(图 2-4-12 所圈住的选项是画领域所选的方法，根据个人喜爱和不同情况选择，按住“Alt”键左右移动可控制画笔大小)。

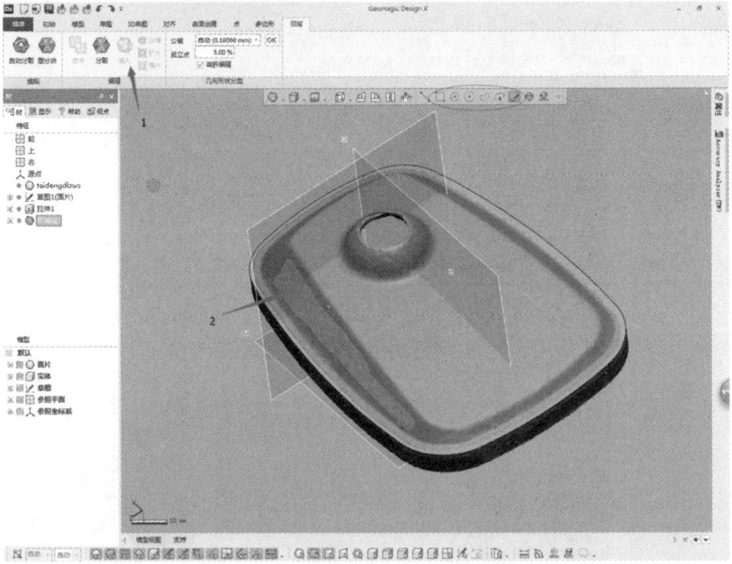

图 2-4-12

步骤二

选择“模型”→“面片拟合”,“领域/单元面”选择图 2-4-13 箭头 1 所指的领域,箭头 2 所指的控制点数改为 10～15 都可以(控制点数值越高就越精确,越紧贴所需求平面,但可能做出来的平面不是很顺滑。控制点数值低所做出的平面相对顺滑)。

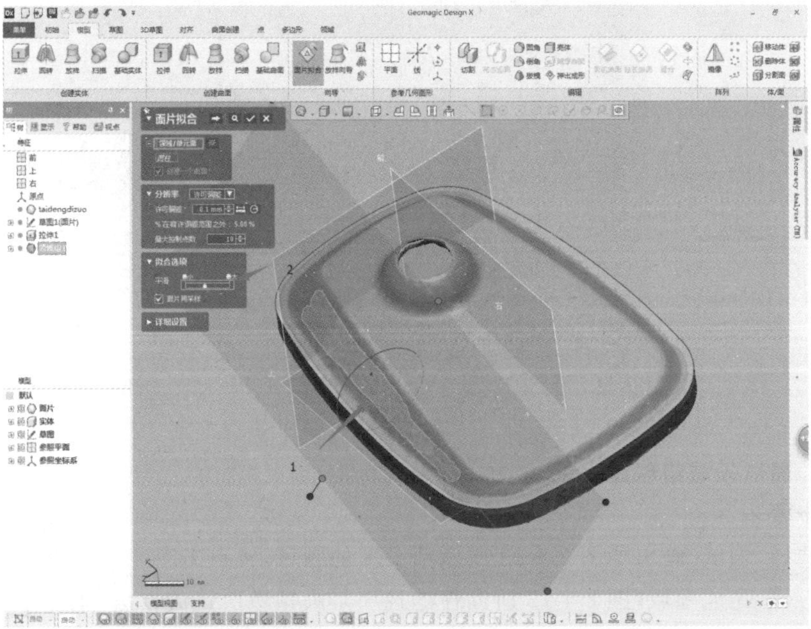

图 2-4-13

步骤三

按照步骤一画出图 2-4-14 所示的领域，再按照步骤二用面片拟合出剩下的四个曲面，如图 2-4-15 所示。

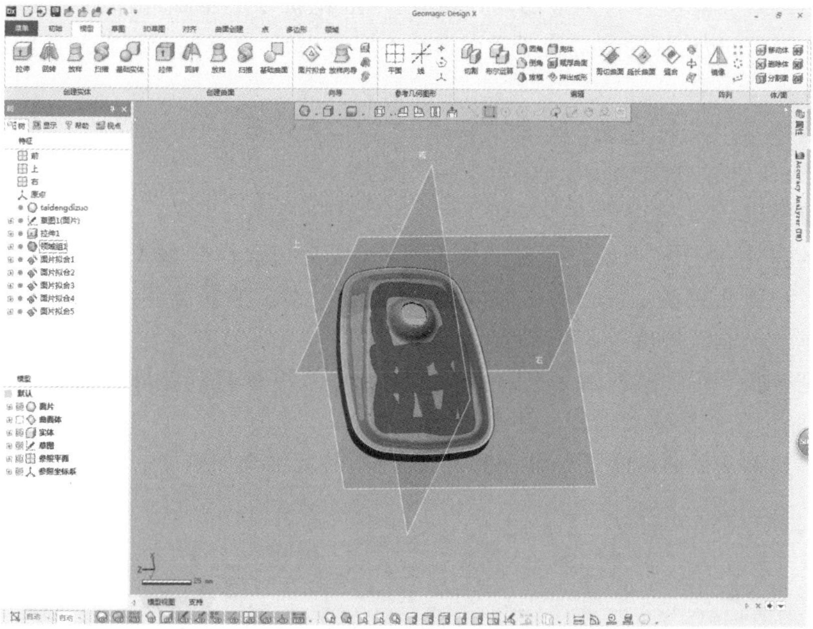

图 2-4-14

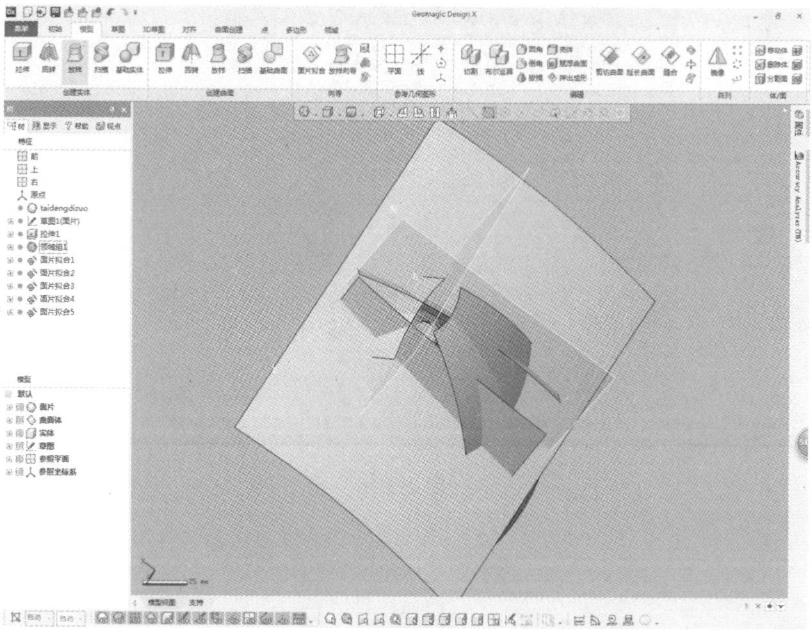

图 2-4-15

5. 延伸和修剪曲面

步骤一

先把上面创建的 5 个曲面隐藏，如图 2-4-16 所示，鼠标移到面片拟合 1，然后单击右键选择隐藏体。剩下的面片拟合 2～5 都按以上步骤进行隐藏，得出如图 2-4-17 所示的内容（隐藏是为了后面选择不容易出错，并保持界面相对简洁）。

步骤二

选择“菜单”→“曲面”→“曲面偏移”，“面”选择图 2-4-18 的箭头 1 所示的平面，箭头 2 所指的偏置距离改为 0，点击“确定”。

步骤三

选择“菜单”→“曲面”→“延长曲面”，“边线/面”选择步骤二所偏移出的平面及图 2-4-19 中箭头 1 所指的平面（可能因重合因素会选择不到，这时可在左边的“树”里选择曲面偏移 1，距离设置为 5 即可）。

把步骤一所隐藏的面片拟合 1～5 显示出来，再将其延伸成如图 2-4-20 所示（延伸是为了所需修剪曲面的边比修剪边界长）。

最后剩下的曲面需要延伸的都进行延伸，最后结果如图 2-4-21 所示。

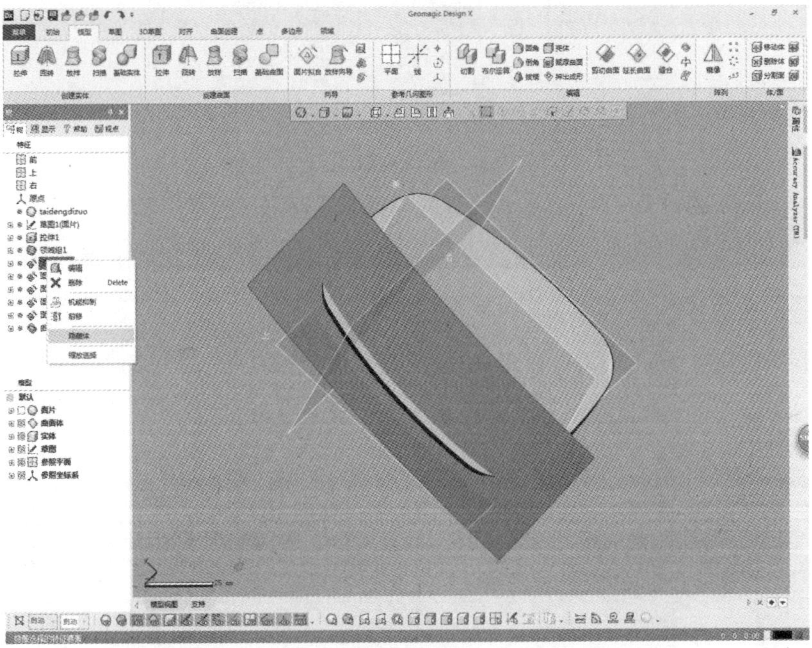

图 2-4-16

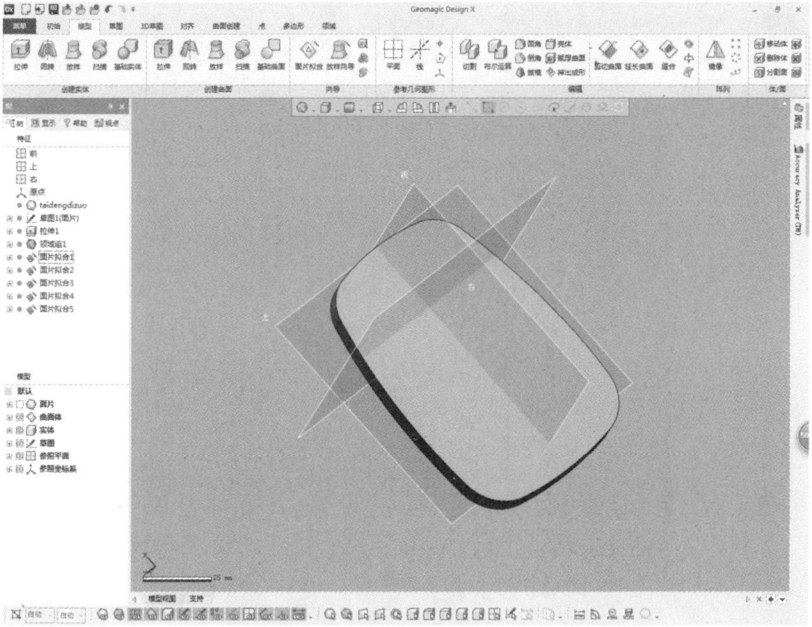

图 2-4-17

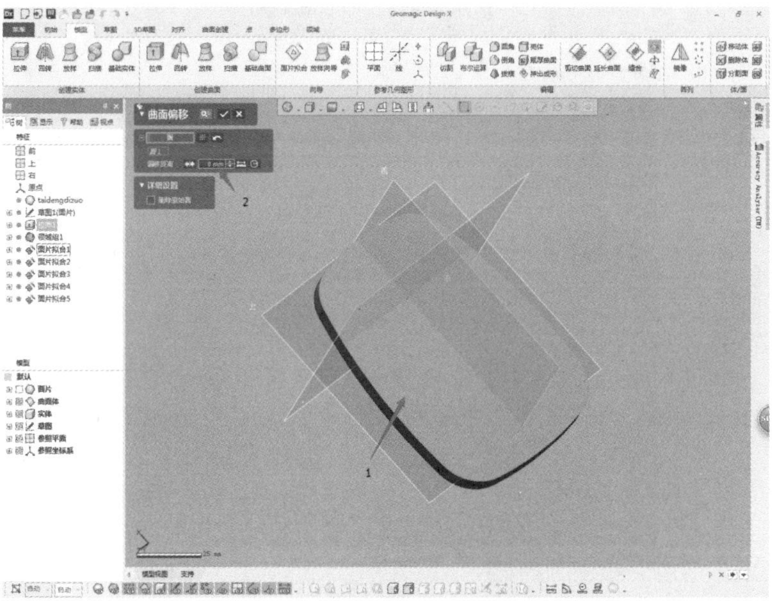

图 2-4-18

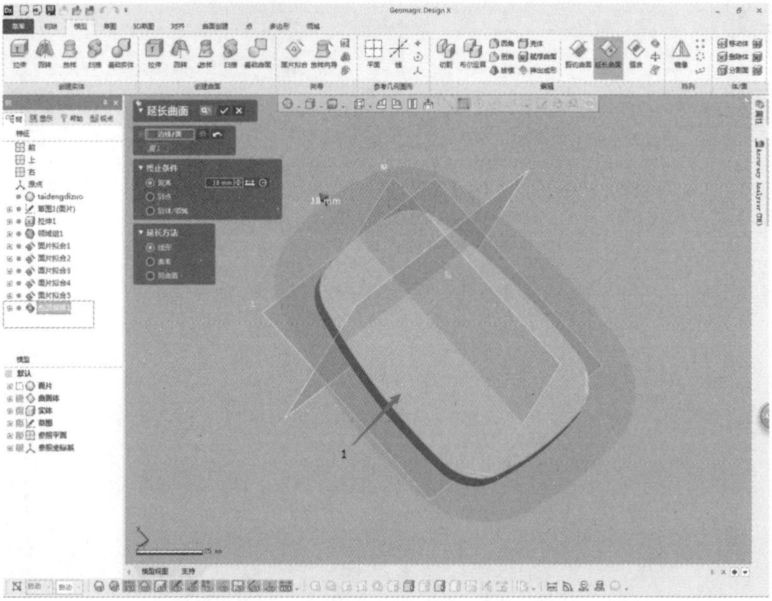

图 2-4-19

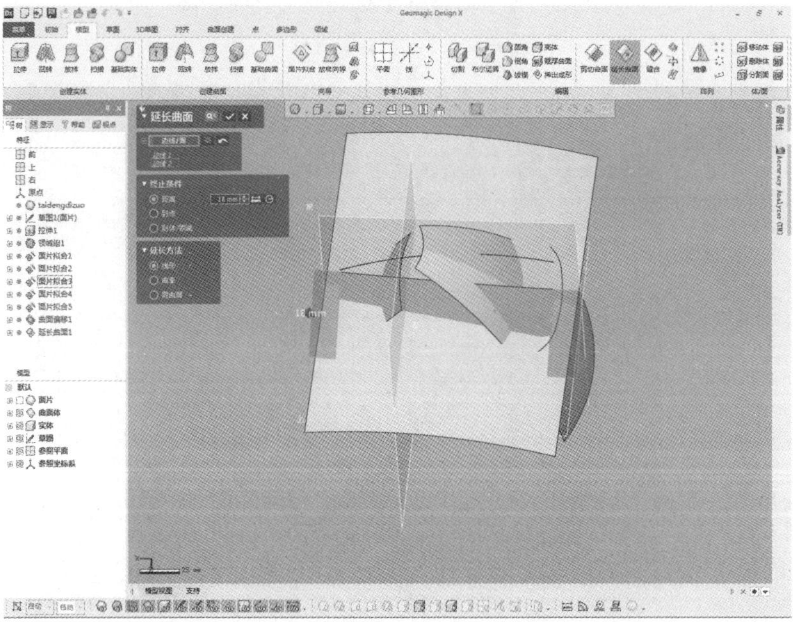

图 2-4-20

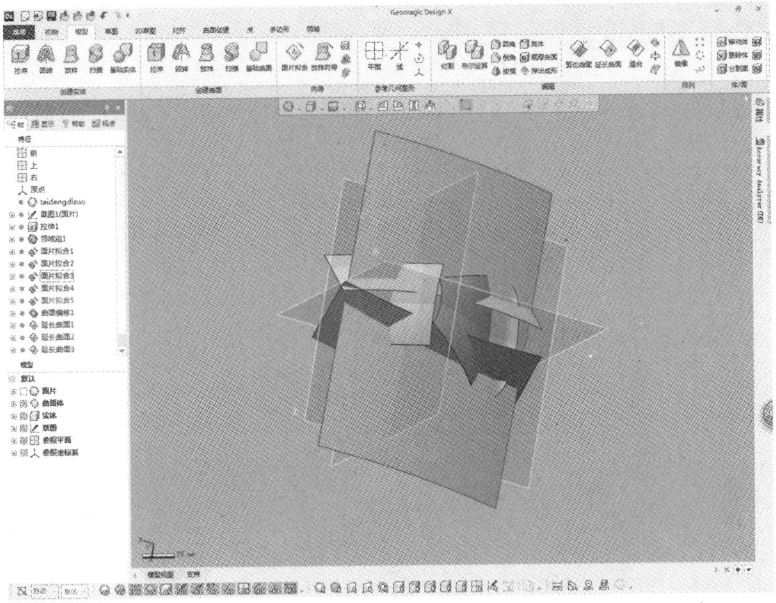

图 2-4-21

步骤四

选择"菜单"→"曲面"→"实体化","框选"图 2-4-22 所示的面片,点击"确认",结果如图 2-4-23 所示(若结果与图 2-4-23 不符合,请检查步骤三所延长的面的边界是否达到修剪边界;检查是否缺少面,我们所需的是 6 个面)。

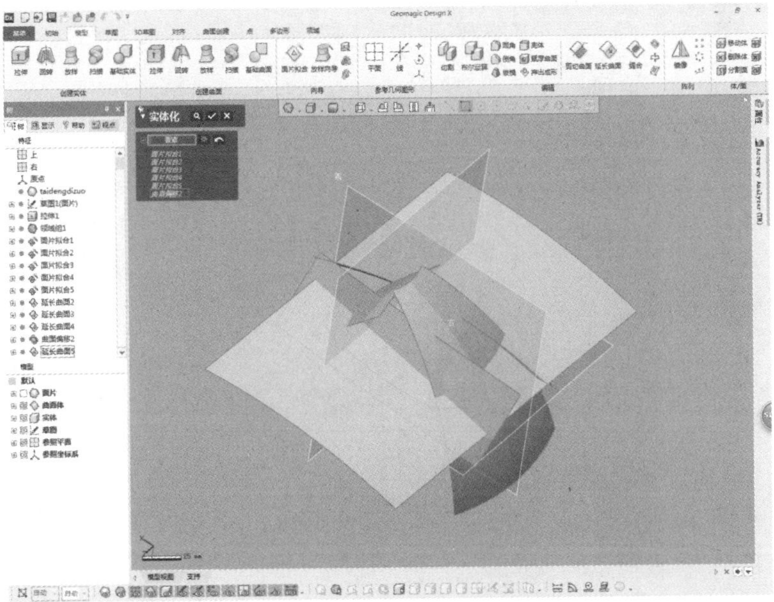

图 2-4-22

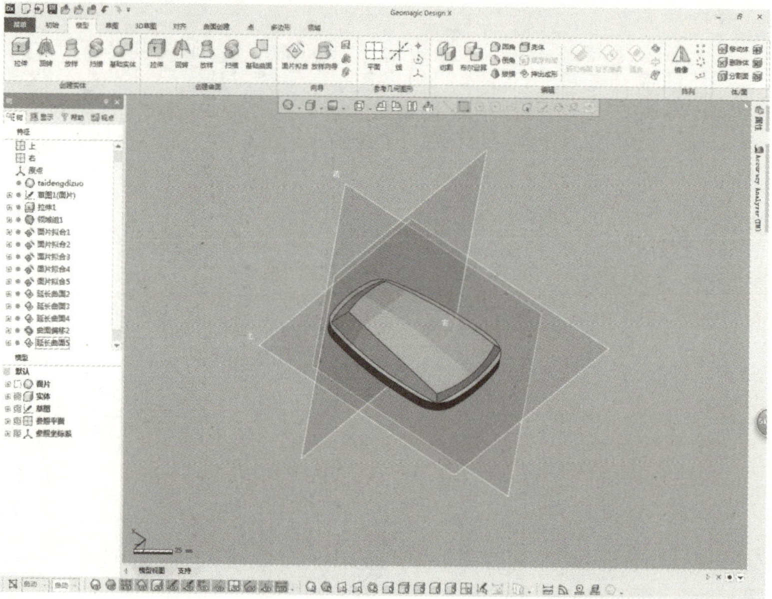

图 2-4-23

6. 圆角与布尔运算

步骤一

框选图 2-4-24 所示的两个体，点击“确认”完成操作。

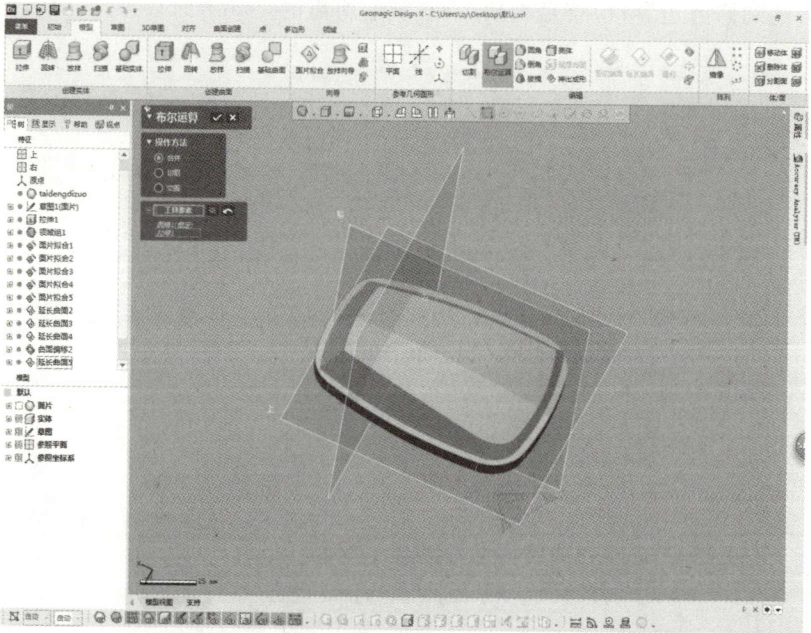

图 2-4-24

步骤二

选择“菜单”→“插入”→“建模特征”→“圆角”,“要素”选择图 2-4-25 中箭头 1 所指的边角,再点击箭头 2 所指的“由面片估算半径”(测出来的数值取小数点后一位即可),点击“确认”。

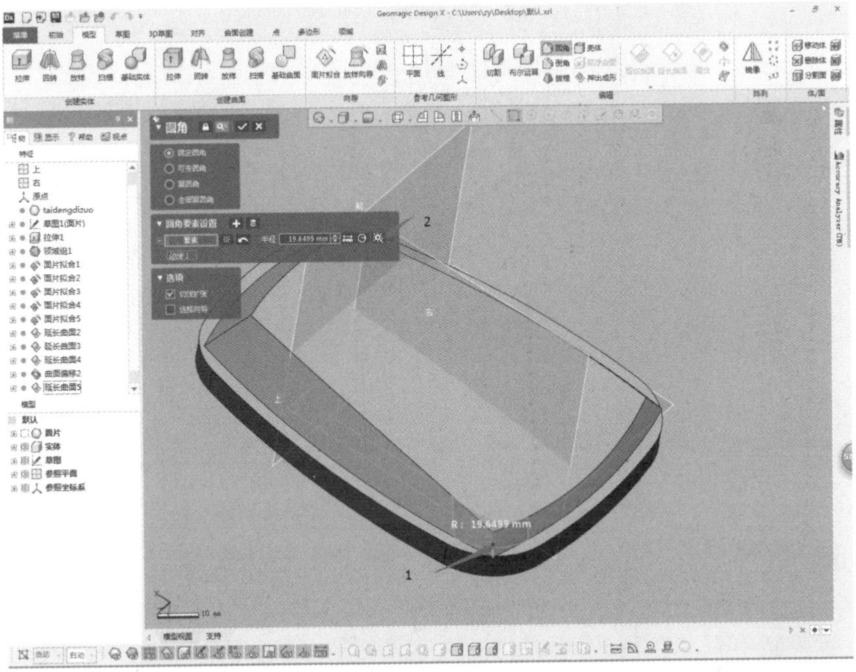

图 2-4-25

按照上面的步骤把图 2-4-26 中箭头所指的边都倒圆角。

最后结果如图 2-4-27 所示。

7. 切割和基础实体

步骤一

先画出图 2-4-28 中箭头所指的领域。

步骤二

选择“菜单”→“插入”→“建模精灵”→“基础实体”,选择步骤一所画的领域,提取形状选择球形,再点击图 2-4-29 中箭头所指图标,最后点击“确认”。

步骤三

选择“草图”,画出图 2-4-30 所示的直线。

选择“菜单”→“插入”→“曲面”→“拉伸”,“基准草图”选择上面画的两条线,勾选“反方向”,距离适中即可,最后点击“确认”,结果如图 2-4-31 所示。

图 2-4-26

图 2-4-27

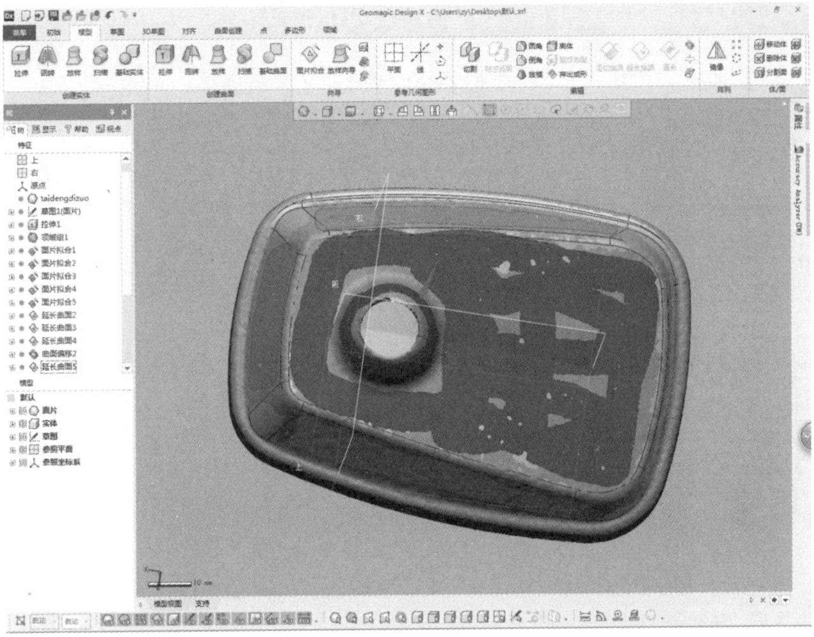
Geomagic Design X - C:\Users\zy\Desktop\默认.xrl

图 2-4-28

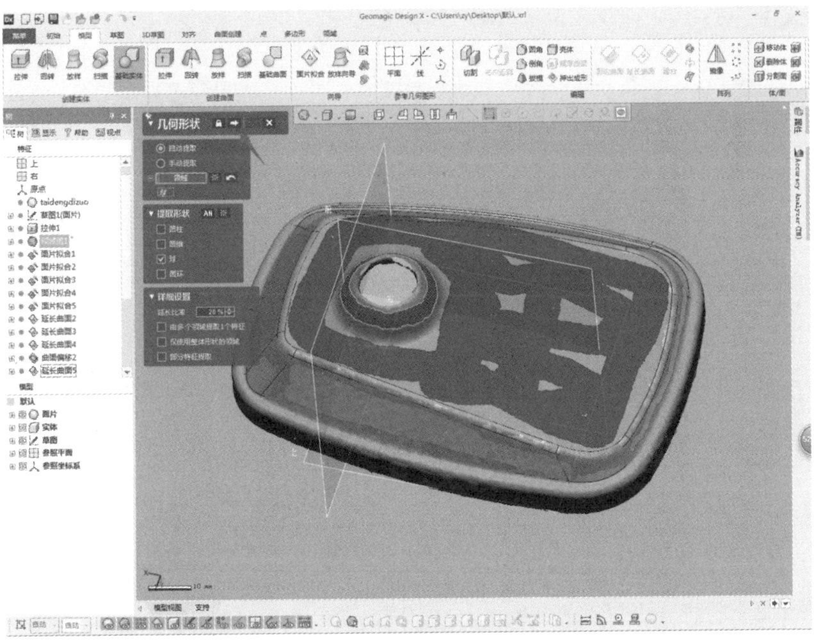
Geomagic Design X - C:\Users\zy\Desktop\默认.xrl
几何形状

图 2-4-29

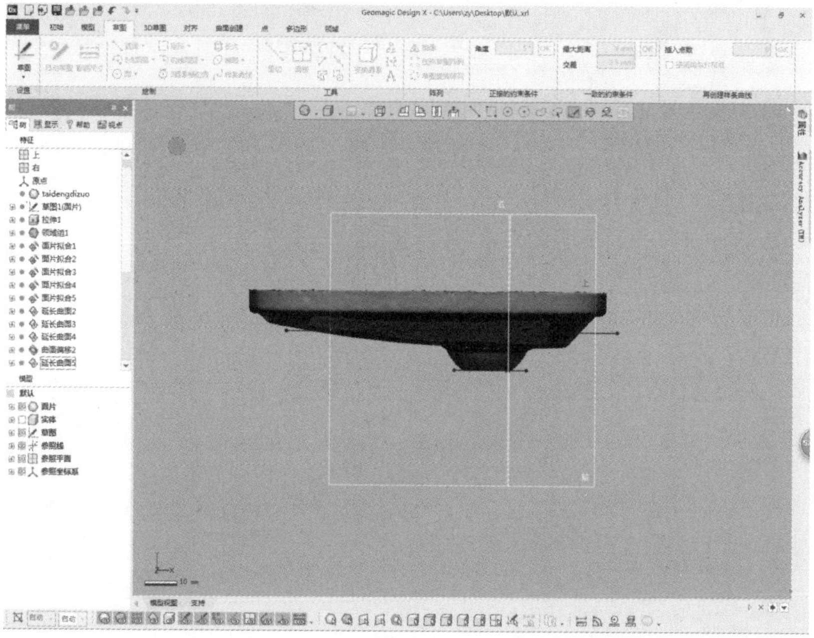

图 2-4-30

图 2-4-31

步骤四

选择“菜单”→“插入”→“实体”→“切割”，工具要素选择图 2-4-31 所拉伸的平面，对象选择步骤二画的球体，然后点击“下一阶段”，残留体选择图 2-4-32 中箭头所指的部分，最后点击“确认”，得到如图 2-4-33 所示的结果。

进行布尔运算，使其成为一个整体。

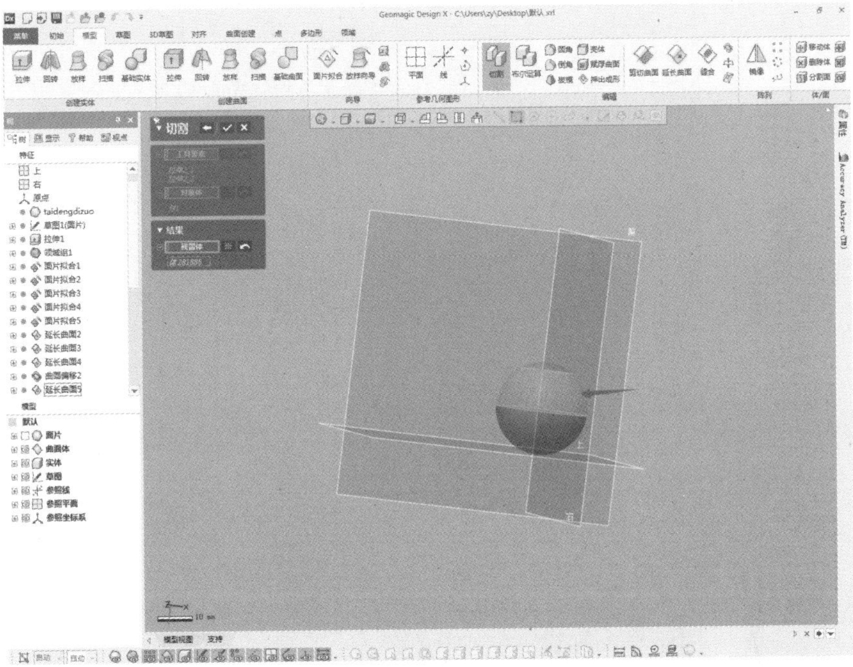

图 2-4-32

8. 抽刻与剪切

步骤一

选择“菜单”→“插入”→“实体”→“壳体”，“体”选择上面最后求和出的整体，“删除面”选择图 2-4-34 中箭头所指的两个面，“深度”输入 2，最后点击“确认”，结果如图 2-4-35 所示。

步骤二

点击草图，平面选择图 2-4-36 中箭头 1 所指面，再点击箭头 2 所指的变化要素，要素选择箭头 3 的曲线，最后点击“确认”并退出草图环境。

步骤三

选择“菜单”→“插入”→“实体”→ “拉伸”，轮廓选择步骤二草图所画的圆，勾选“反方向”和运算结果中的“切割”，最后点击“确认”，如图 2-4-37 所示。

最后结果如图 2-4-38 所示。

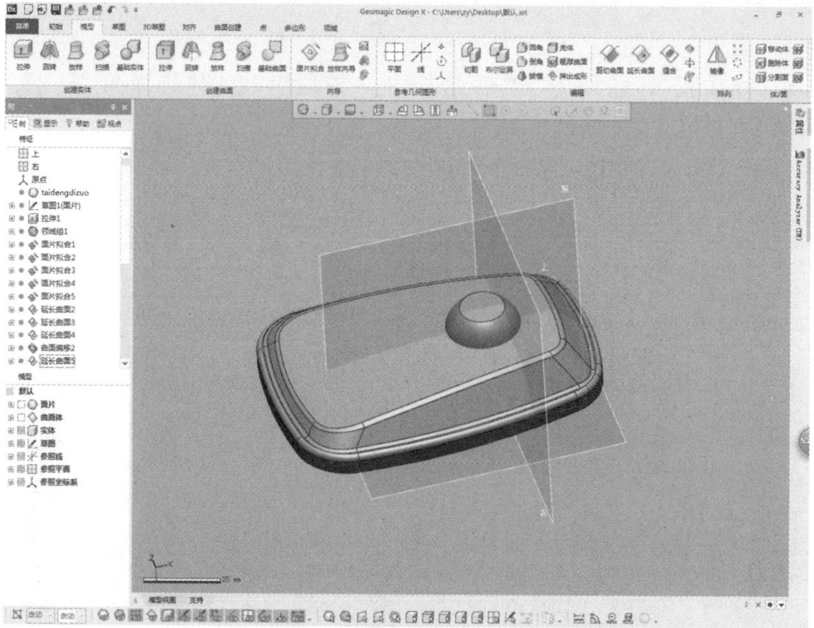

图 2-4-33

图 2-4-34

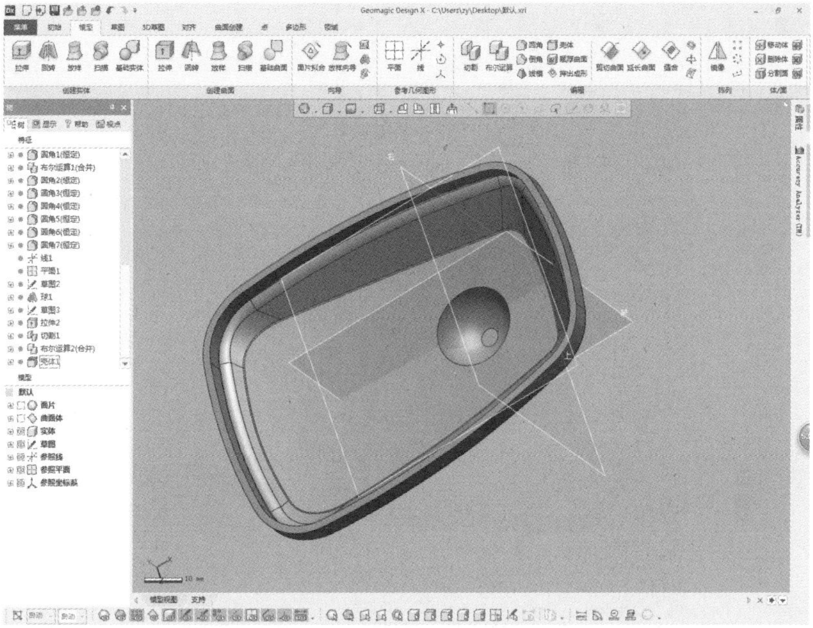

图 2-4-35

图 2-4-36

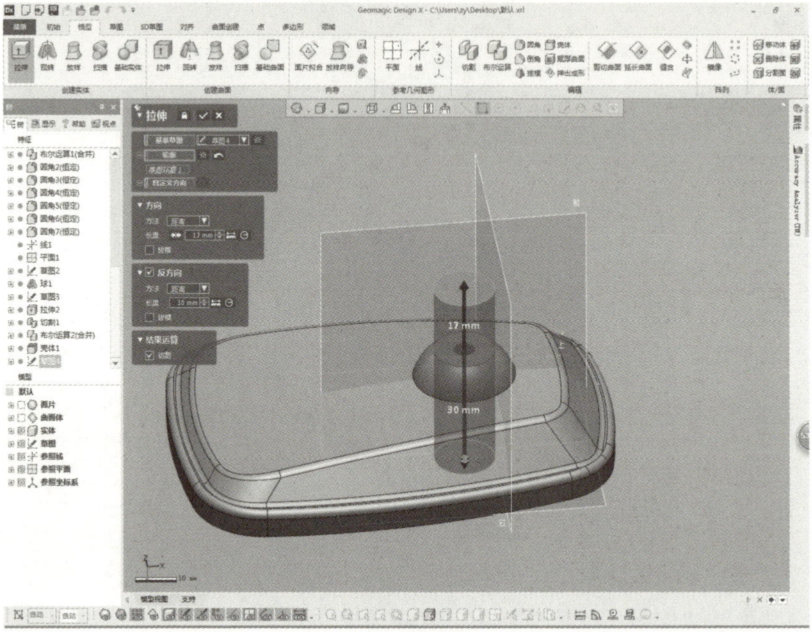

图 2-4-37

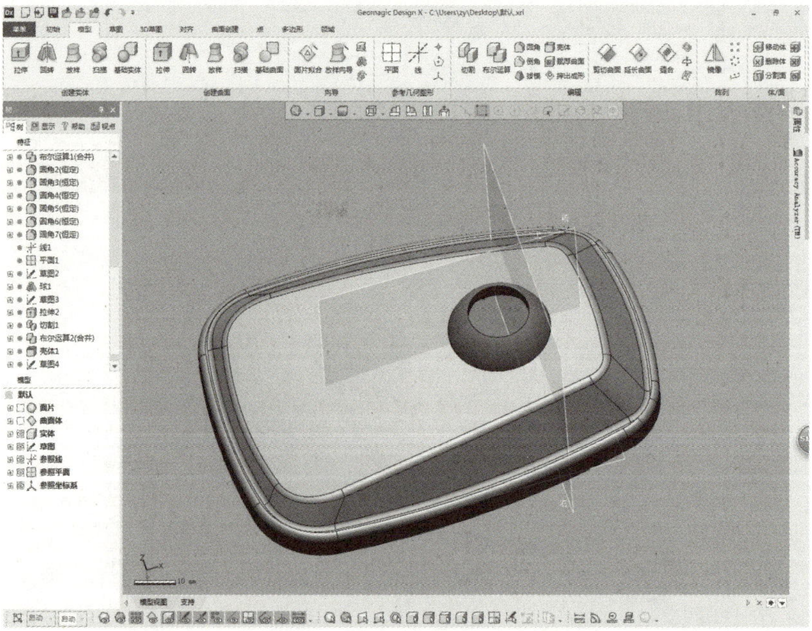

图 2-4-38

9. 分析误差

点击图 2-4-39 箭头所指的图标，进入后再点击“体偏差”，会得出色差图如图 2-4-40 所示（色差图的颜色为绿色、黄色和少数蓝色时，则说明做出的面与点云的面极为贴合，出现红色和许多蓝色时则说明误差极大）。

图 2-4-39

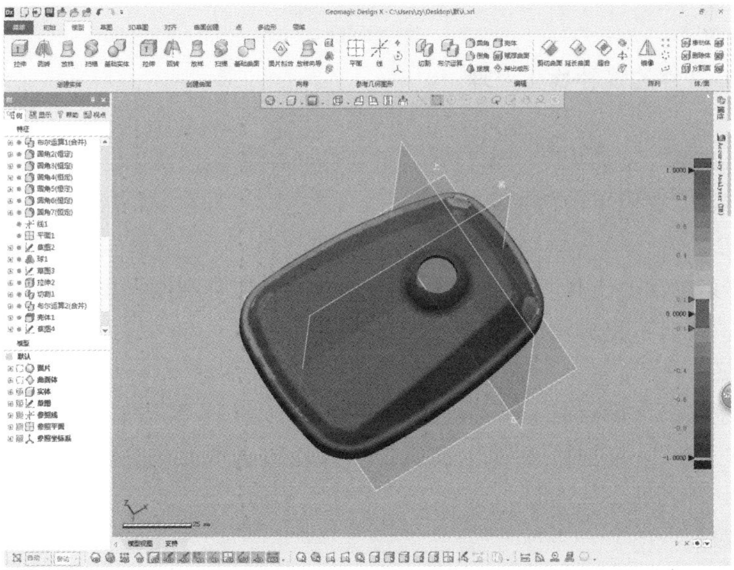

图 2-4-40

二、电吹风外轮廓的建模

产品：电吹风。

说明：现有一半电吹风（见图2-4-41）以及通过三维扫描仪采集后未经处理的三维数据（.stl），现需要根据数据进行复杂曲面的实体重构，以满足加工要求。

技术要求：数据完整、特征清晰、整体精度为0.1 mm。

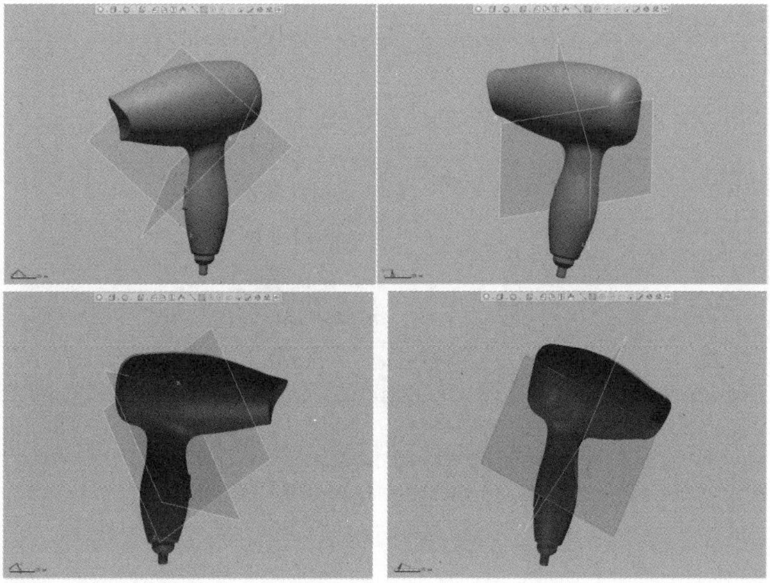

图 2-4-41

1. 点云文件的修补优化处理

步骤一

选择“菜单”→“插入”→“参照几何形状”→“平面”，选择图2-4-42中选取的平面，点击“确认”完成平面的选取。

步骤二

选择“菜单”→“工具”→“面片工具”→“镜像”，选取刚刚作出的平面作为镜像平面，点击“确认”，完成镜像，如图2-4-43所示。

步骤三

因为镜像出来后点云会有些裂缝，如图2-4-44所示，所以要对其进行修补。

选择“菜单”→“工具”→“面片工具”→“重新包覆”，点击“确认”，完成包覆，结果如图2-4-45所示。

步骤四

重新包覆出来的点云会在连接边上有些不足，如图2-4-46所示。

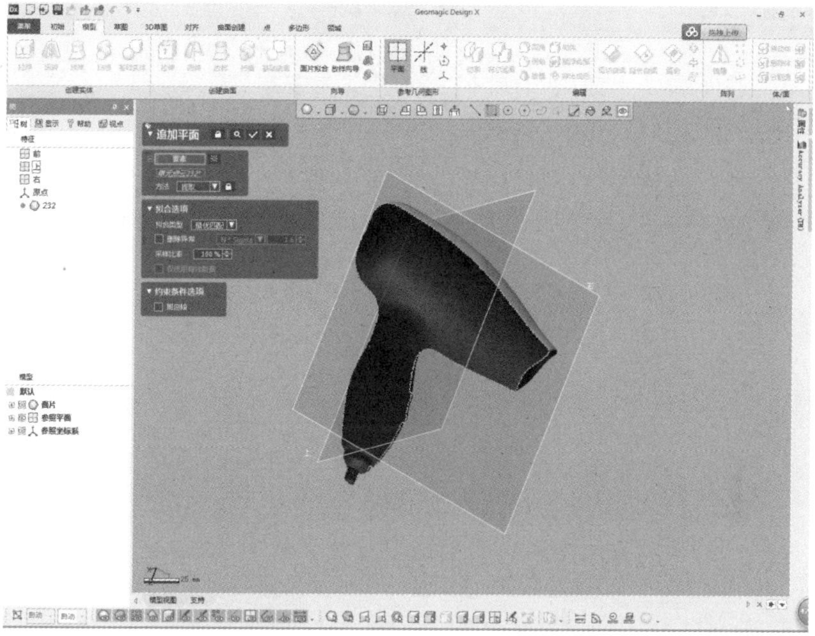

图 2-4-42

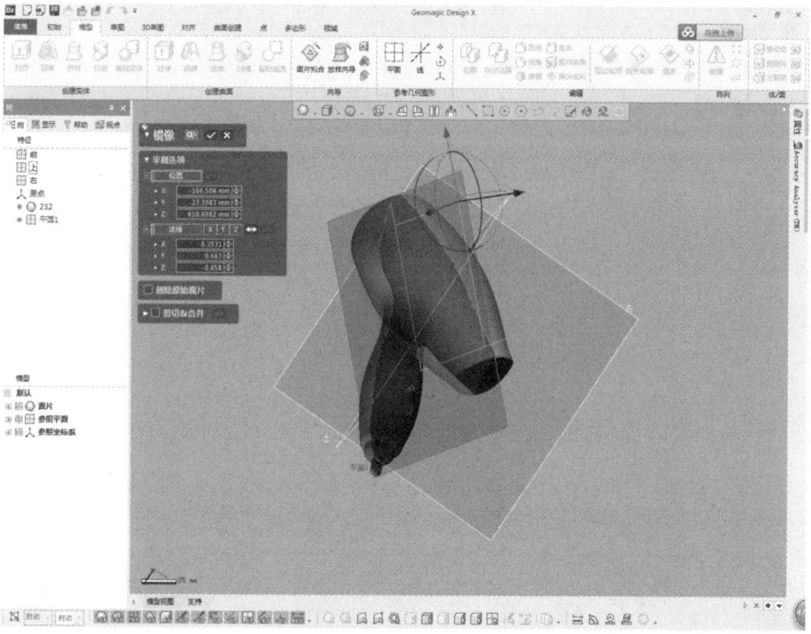

图 2-4-43

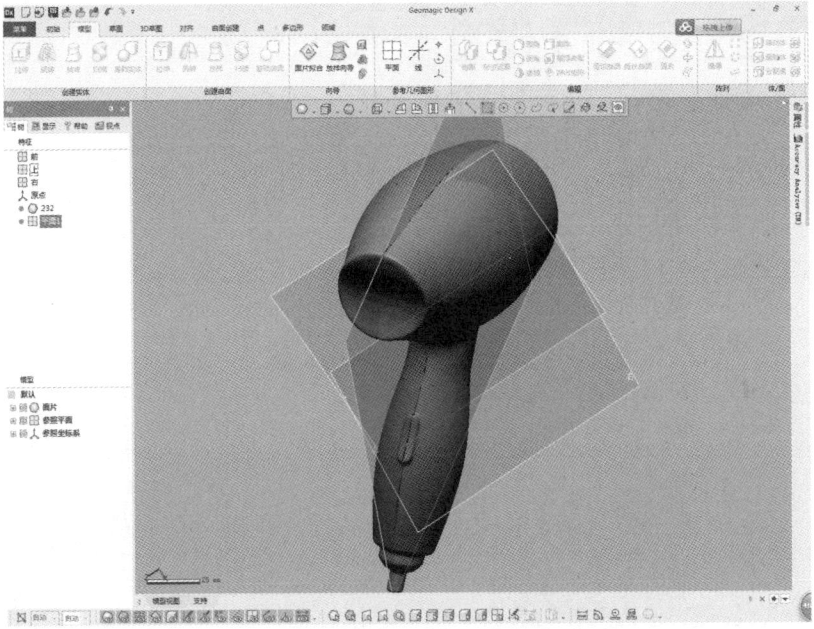

图 2-4-44

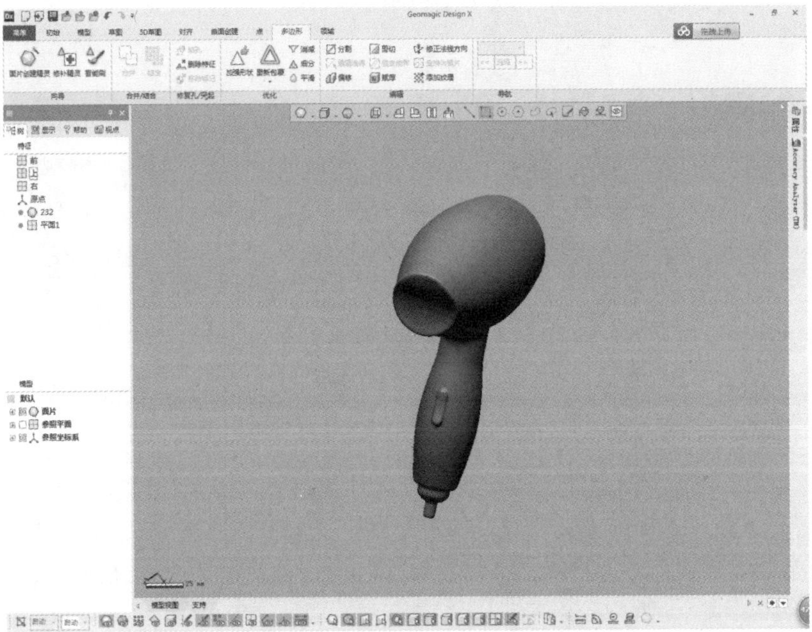

图 2-4-45

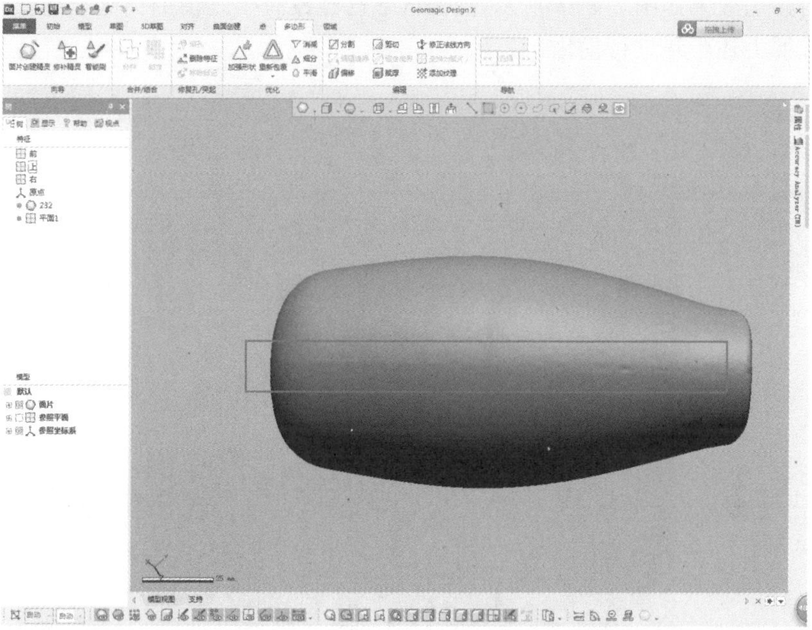

图 2-4-46

所以通过“菜单”→“工具”→“面片工具”→“删除特征”来进行优化，点击“删除特征”，用画笔涂抹不平整的区域，如图 2-4-47 所示（图 2-4-47 中箭头所指的区域是画笔区域，可根据不同需求选用不同画笔）。

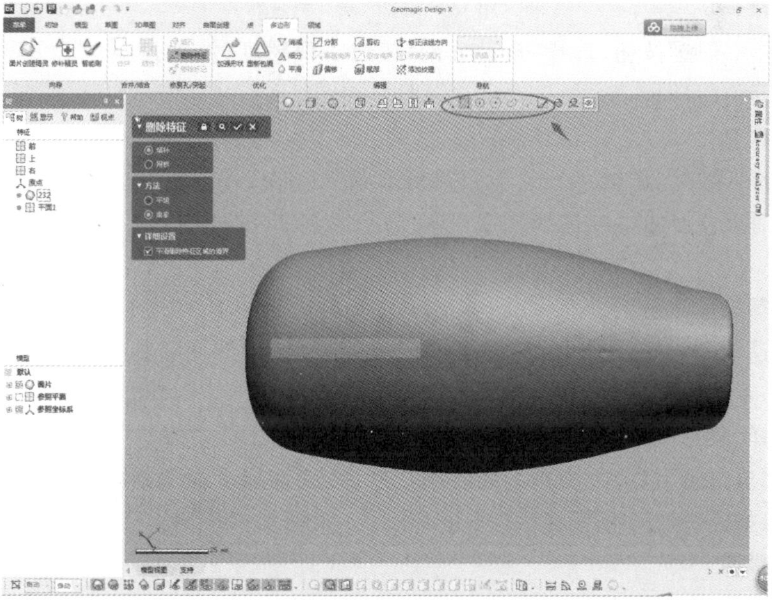

图 2-4-47

得出的效果如图 2-4-48 所示，椭圆区域已经没有了之前的突起痕迹。剩下的特征按照上述步骤进行优化。

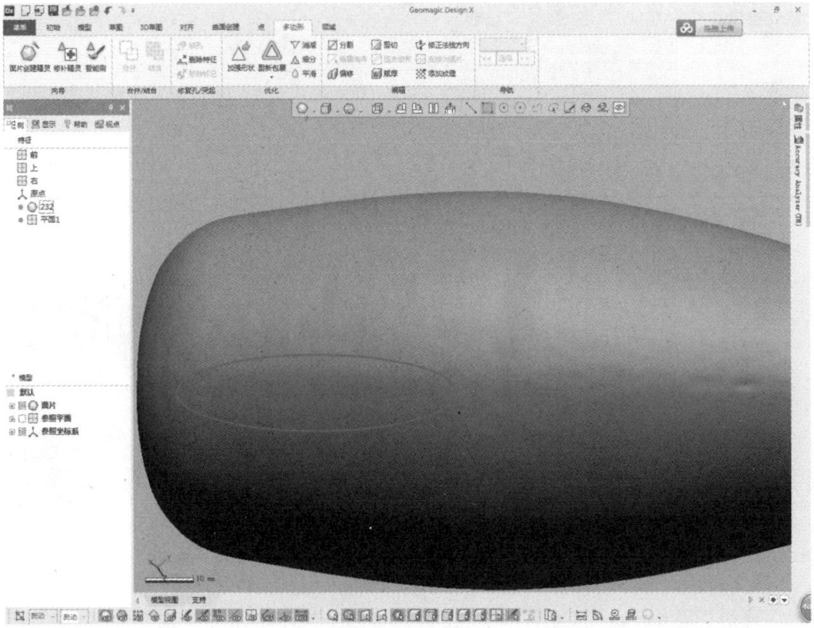

图 2-4-48

2. 坐标的调整

步骤一

点击“领域”按钮，选择“自动分割”按钮，“敏感度”设置为 10，“面片粗糙度设置为中间位置即可，最后点击“确认”即可，如图 2-4-49 所示。

步骤二

选择“菜单”→“插入”→“参照几何形状”→“线”，“方法”选择“回转轴”，如图 2-4-50 箭头 1 所指，再选择图 2-4-50 箭头 2 所指的领域，点击“确定”，得到回转轴。

步骤三

选择图 2-4-42 所作的平面为草图平面，在刚刚画的回转轴上画一条较短的直线，退出草图。

选择“菜单”→“插入”→“参照几何形状”→“平面”，“方法”选择“选择点和法线轴”，“法线轴”选择上面画的回转轴，“选择点”选择上面草图画的直线上任意一点，结果如图 2-4-51 所示。

步骤四

点击“对齐”按钮，选择其中的“手动对齐”，再点击“下一阶段”，显示内容如图 2-4-52 所示，“平面”和“线”分别选择图 2-4-42 和图 2-4-51 所作的平面和线，点击

“确认”,完成手动对齐,如图 2-4-53 所示。

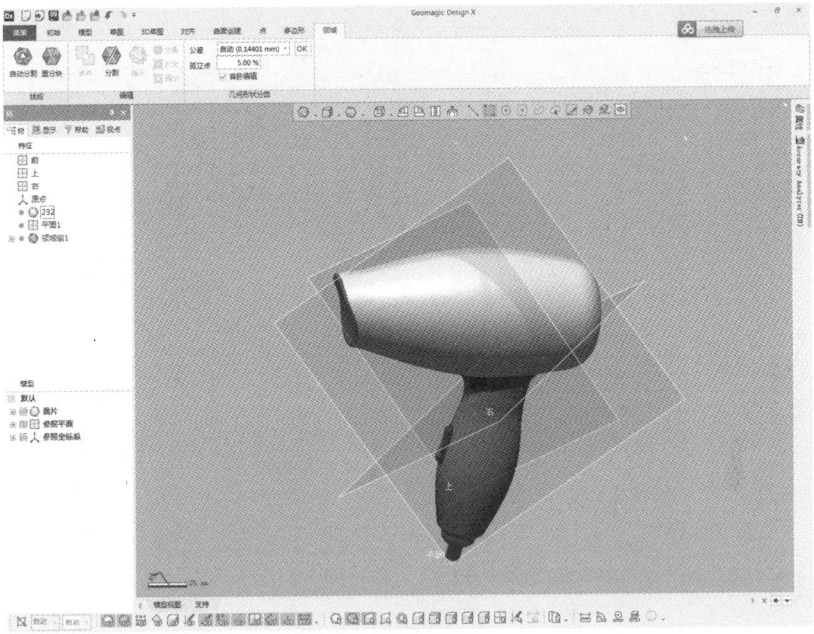

图 2-4-49

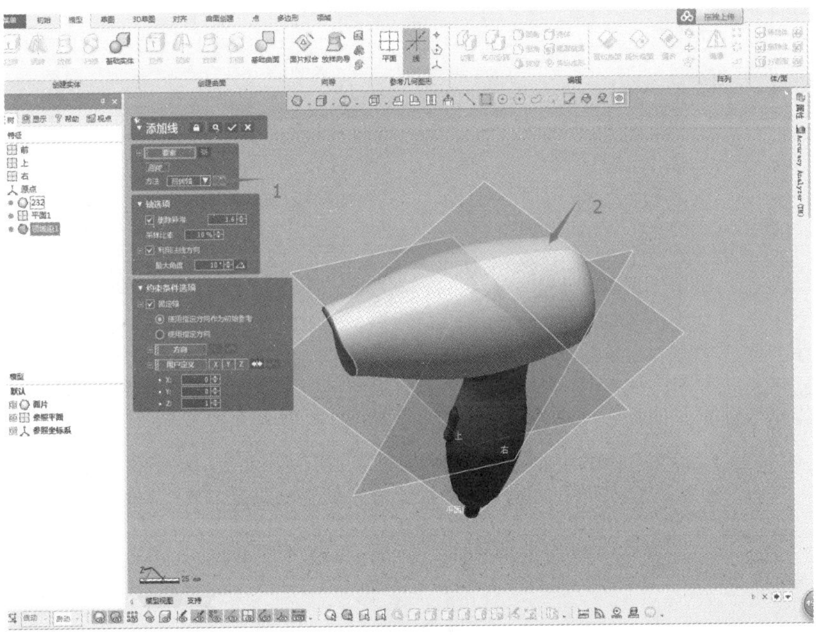

图 2-4-50

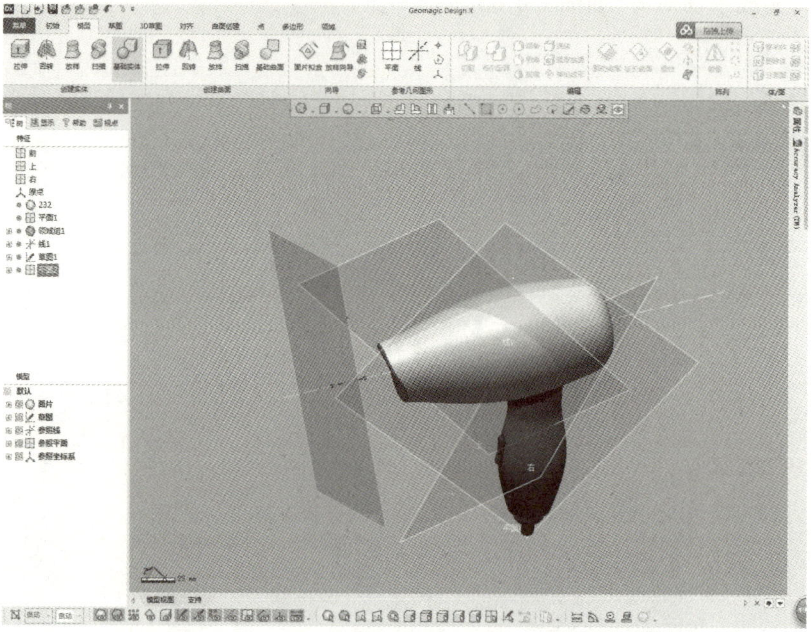

图 2-4-51

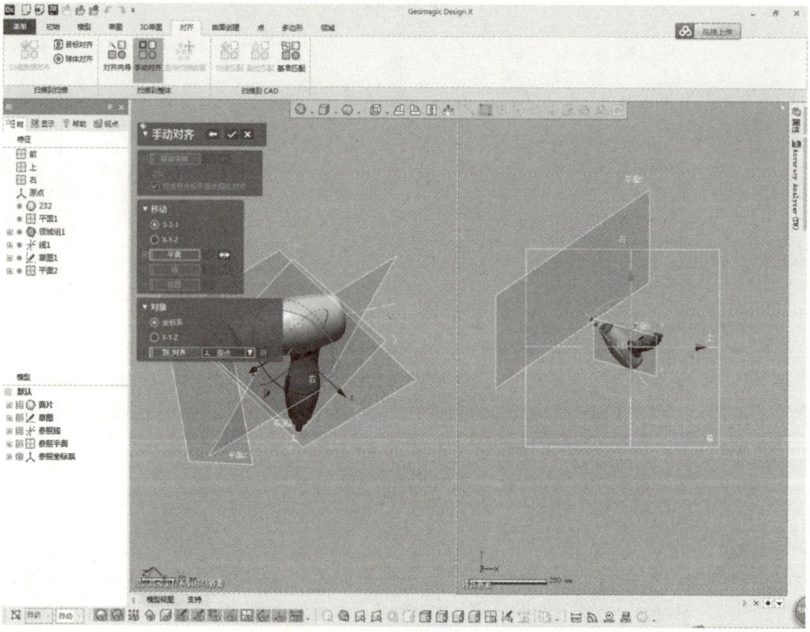

图 2-4-52

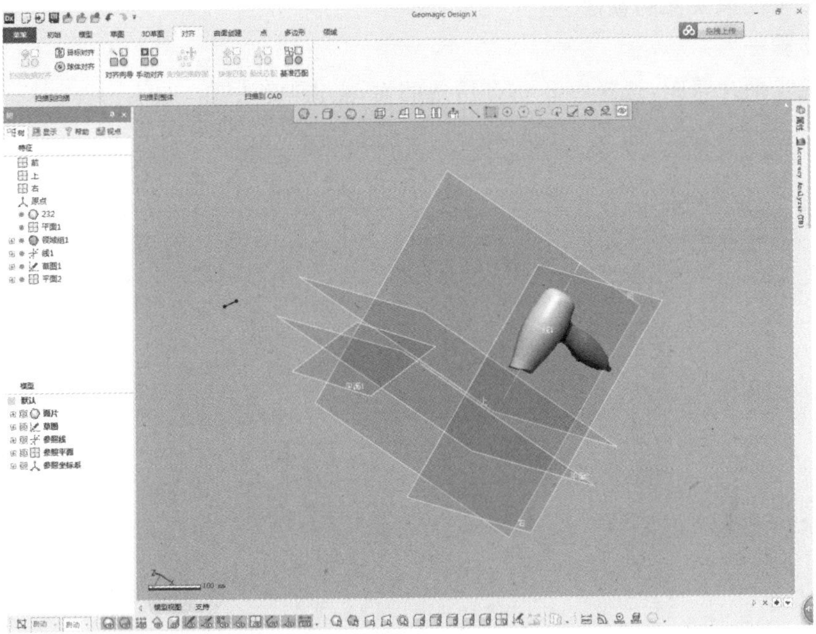

图 2-4-53

隐藏上面画的平面 1 和平面 2 后得到调整好的坐标系，如图 2-4-54 所示（按 Alt＋1～6 得到不同视图方向）。

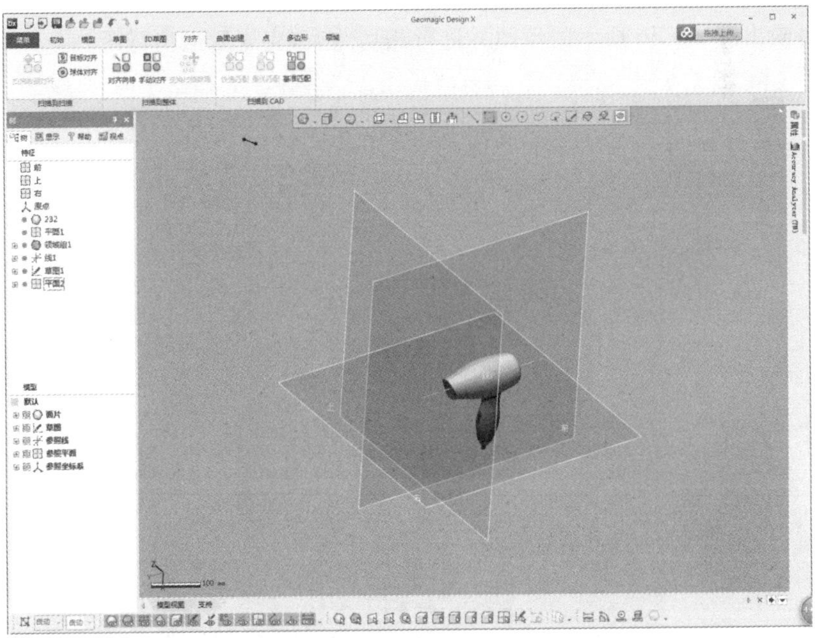

图 2-4-54

3. 电吹风头部的创建

步骤一

点击面片草图，选择图 2-4-55 所选的面，点击“确认”。

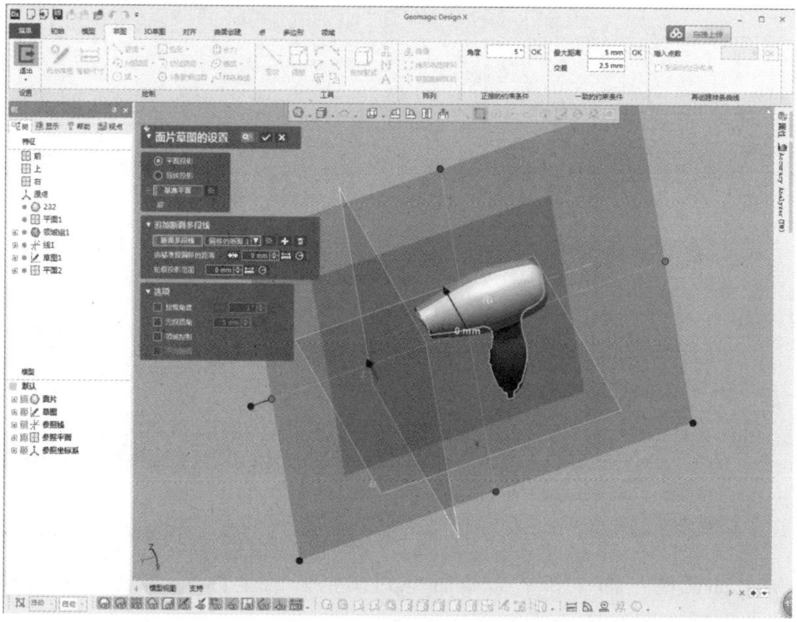

图 2-4-55

再画出图 2-4-56 所示的草图并进行相切约束，完成后退出草图。

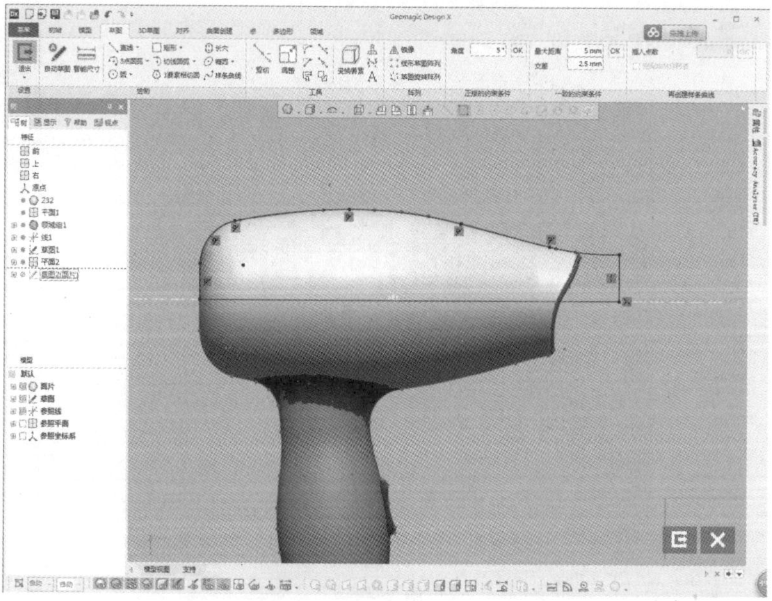

图 2-4-56

步骤二

选择"菜单"→"插入"→"实体"→"回转","轮廓"选择上一步所画的草图,中心轴选择回转轴上的直线,点击"确认",完成回转,如图 2-4-57 所示。

图 2-4-57

按 Ctrl+5 隐藏实体,选择面片草图,"平面"选择图 2-4-55 所选的平面,点击"确认",再画出图 2-4-58 所示的草图并约束相切,最后点击"确认",完成草图。

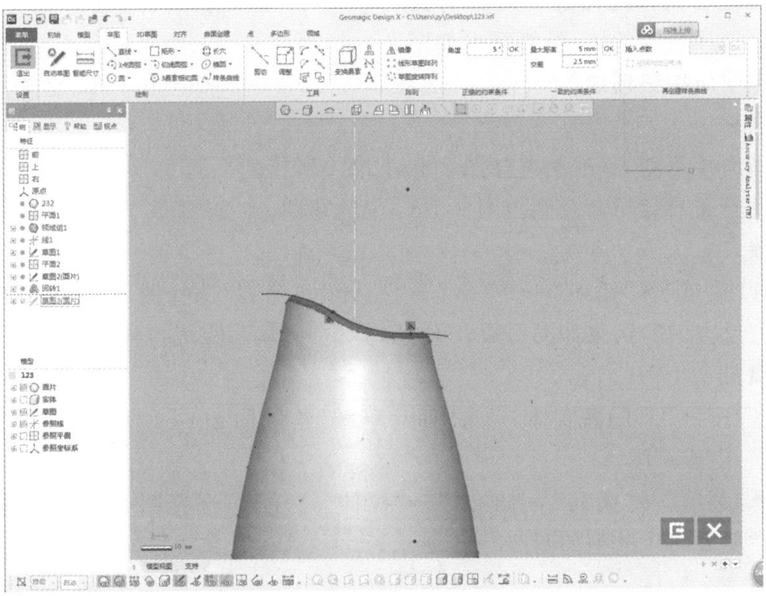

图 2-4-58

步骤三

选择“菜单”→“插入”→“曲面”→“拉伸”，选取上一步所画的草图进行拉伸，点击反方向，点击“确认”完成拉伸，如图 2-4-59 所示。

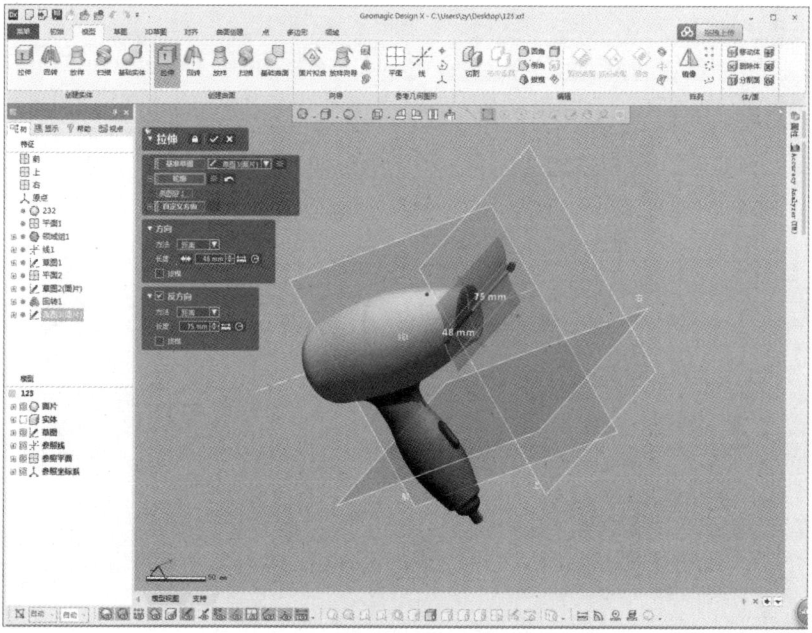

图 2-4-59

按“Ctrl”+“5”显示实体，再点击“菜单”→“插入”→“实体”→“切割”，“工具”选择图 2-4-59 所画的曲面，“对象”为图 2-4-57 所画的回转体，点击“下一阶段”，“残留体”选择最大的体，最终结果如图 2-4-60 所示。

4. 电吹风按钮创建

步骤一

选择面片草图，基准面选择图 2-4-61 箭头所指的平面。

用“圆”和“直线”命令画出图 2-4-62 中的草图，点击“确认”，完成草图。

步骤二

选择“菜单”→“插入”→“实体”→“拉伸”，“轮廓”选择图 2-4-62 所画的草图线，勾选“反方向”，结果如图 2-4-63 所示，点击“确认”，完成拉伸。

步骤三

按“Ctrl”+“5”隐藏实体，点击“面片草图”绘制图 2-4-64 所示的草图，最后点击“退出”，完成草图。

选择“菜单”→“插入”→“实体”→“拉伸”，“轮廓”选择图 2-4-64 所画的草图线，勾选“反方向”，结果如图 2-4-65 所示，点击“确认”，完成拉伸。

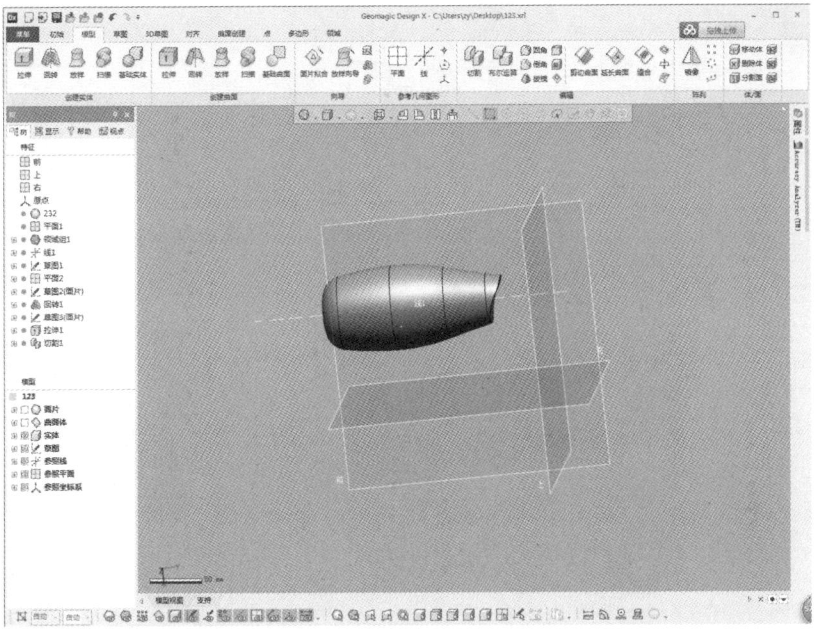
Geomagic Design X - C:\Users\zy\Desktop\123.xrl

图 2-4-60

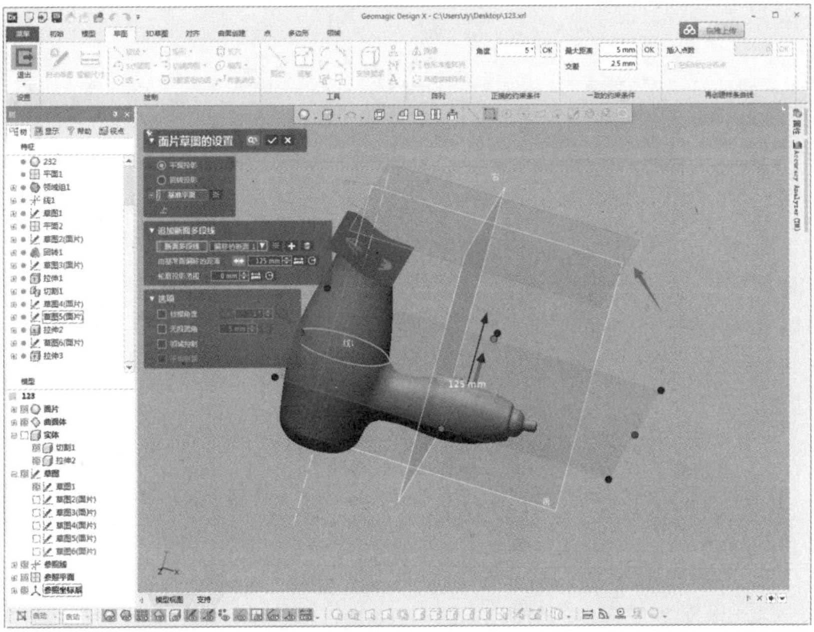
Geomagic Design X - C:\Users\zy\Desktop\123.xrl
面片草图的设置
125 mm

图 2-4-61

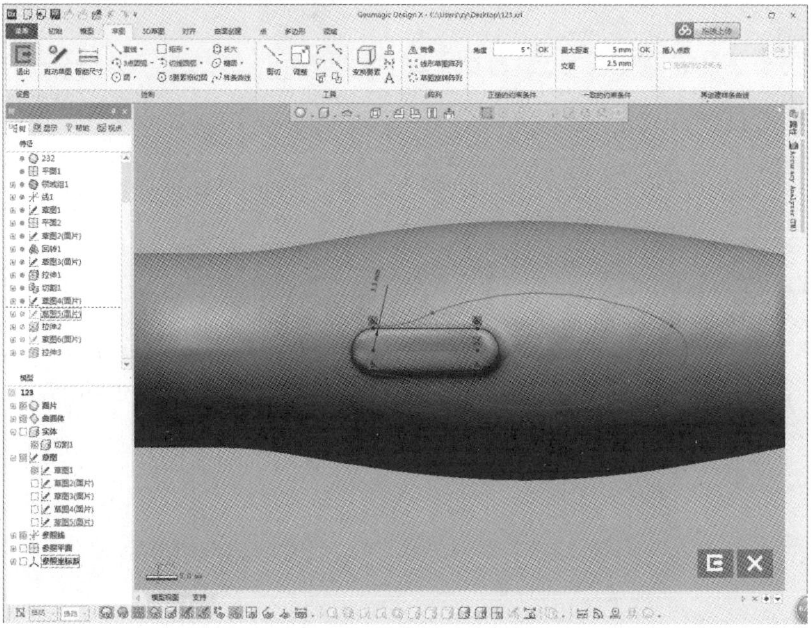

图 2-4-62

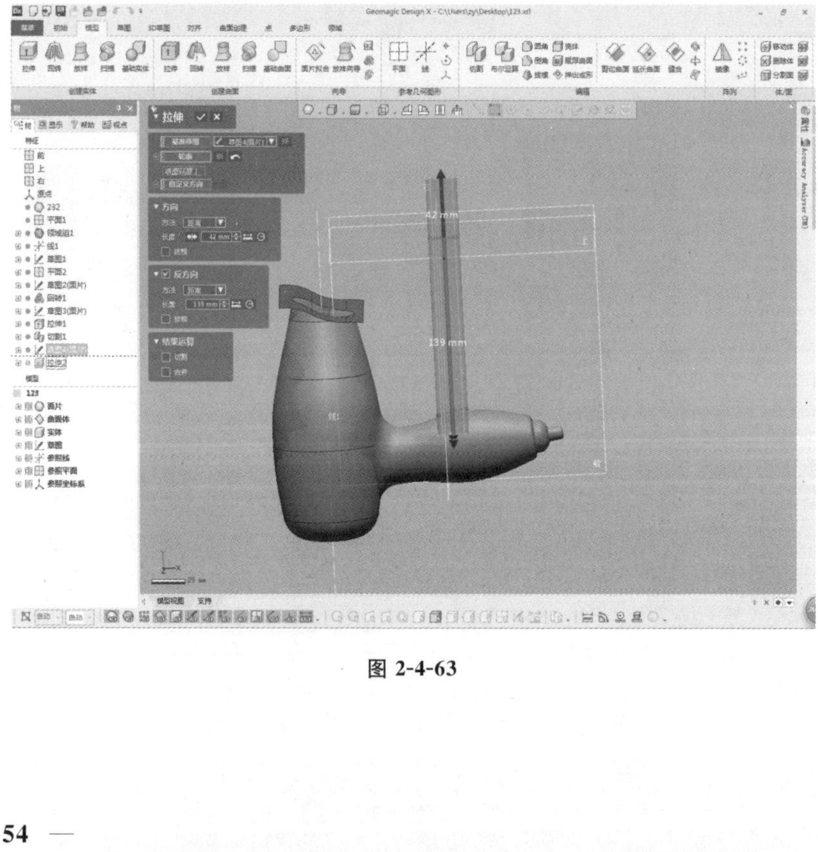

图 2-4-63

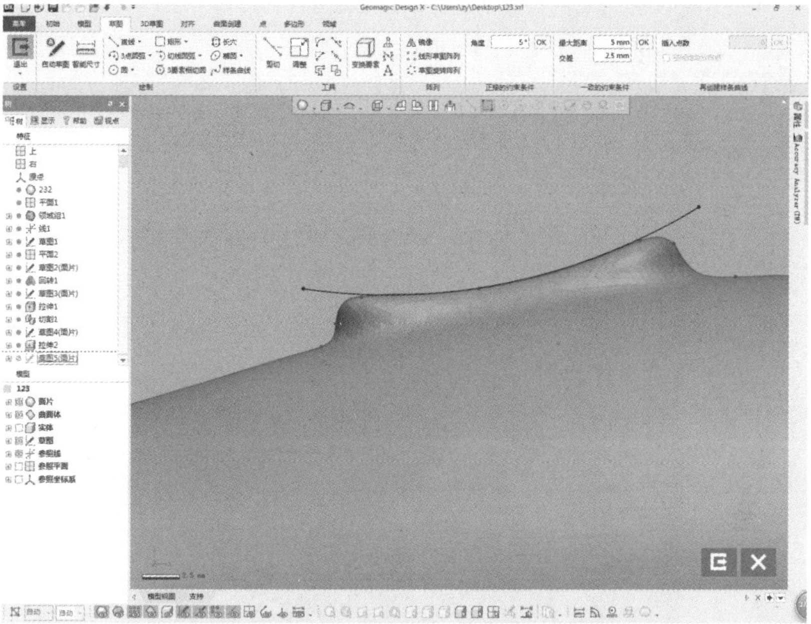

图 2-4-64

按“Ctrl”＋“5”显示实体，“菜单”→“插入”→“实体”→“切割”，“工具”选择图2-4-65所画的曲面，“对象”为图 2-4-64 所画的实体，点击“下一阶段”，“残留体”选择最小的体，最终结果如图 2-4-66 所示。

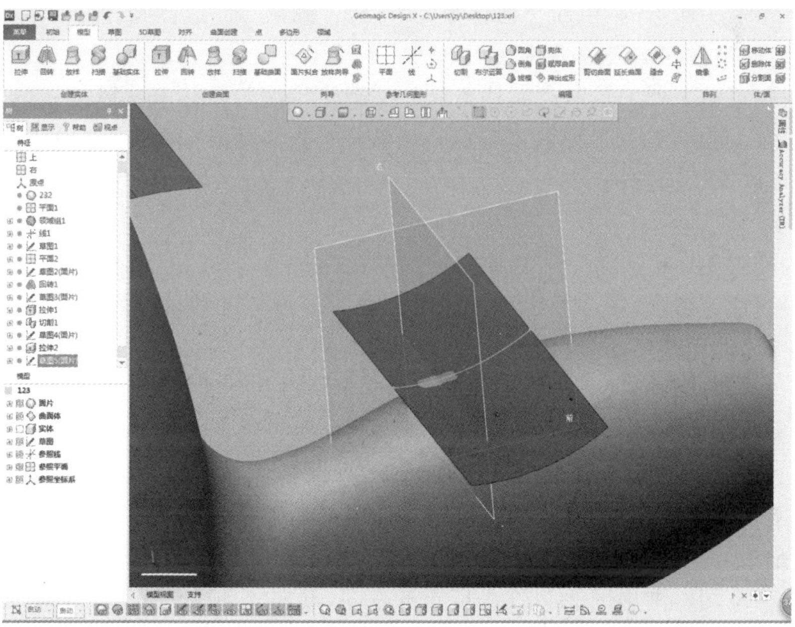

图 2-4-65

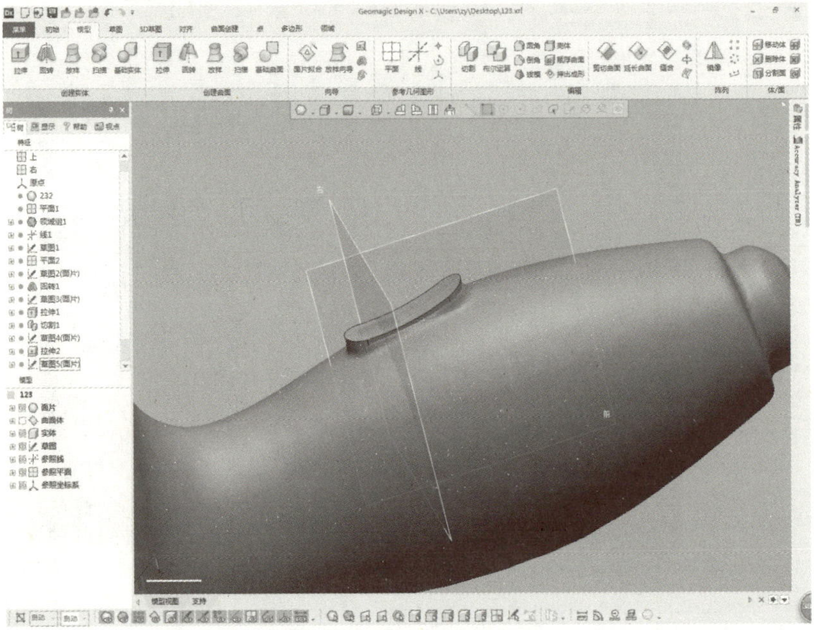

图 2-4-66

步骤四

选择“菜单”→“插入”→“建模特征”→“圆角”，“要素”选择图 2-4-67 所选的边，再点击箭头所指的“由面片估算半径”，点击“确认”，完成倒圆。

5. 电吹风按钮点云的去除

选择“菜单”→“工具”→“面片工具”→“删除特征”，涂抹电吹风按钮位置如图 2-4-68所示，点击“确认”，删除电吹风按钮特征。最终结果如图 2-4-69 所示。

6. 电吹风手柄建模

步骤一

选择“菜单”→“插入”→“建模精灵”→“放样向导”，“领域”选择图 2-4-70 所选择的领域(注意事项：图 2-4-70 所框选的两条边不能超过领域组的范围，超过的话会导致作出的面有些误差，大家根据实际情况做参考)，点击“下一阶段”，完成放样向导。

选择“菜单”→“插入”→“曲面”→“延长曲面”，选择图 2-4-70 中所作出的其中一边，如图 2-4-71 所示，点击“完成”。

剩下一边按同样步骤进行延长，结果如图 2-4-72 所示。

步骤二

点击“草图”，画出图 2-4-73 中所示的草图，点击“完成”。

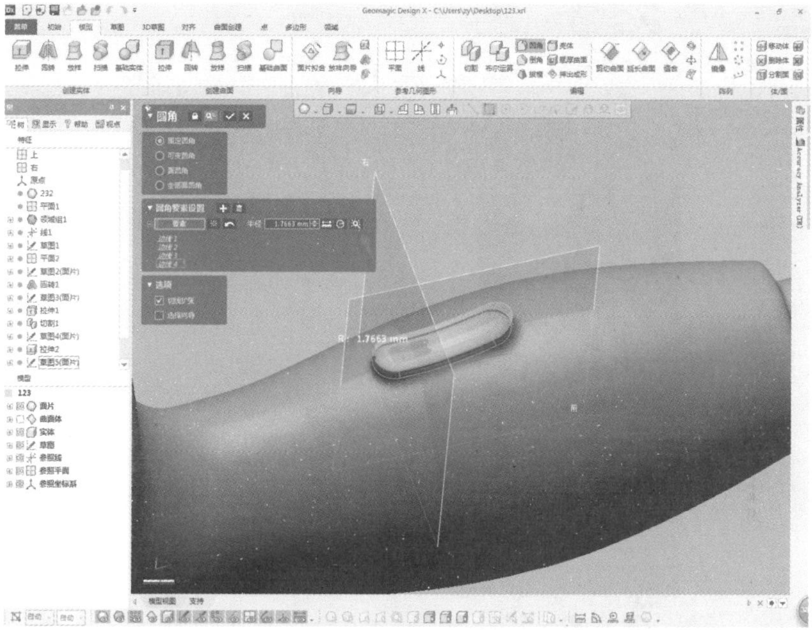

图 2-4-67

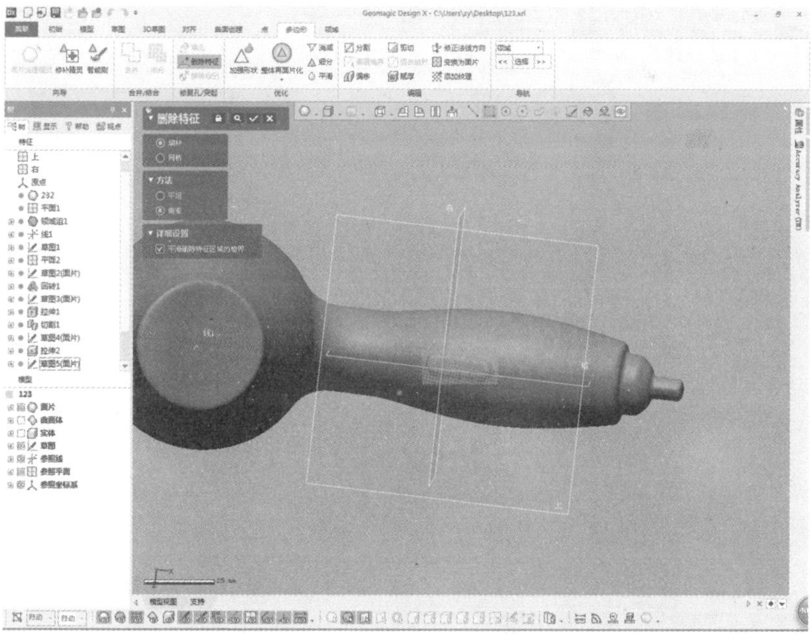

图 2-4-68

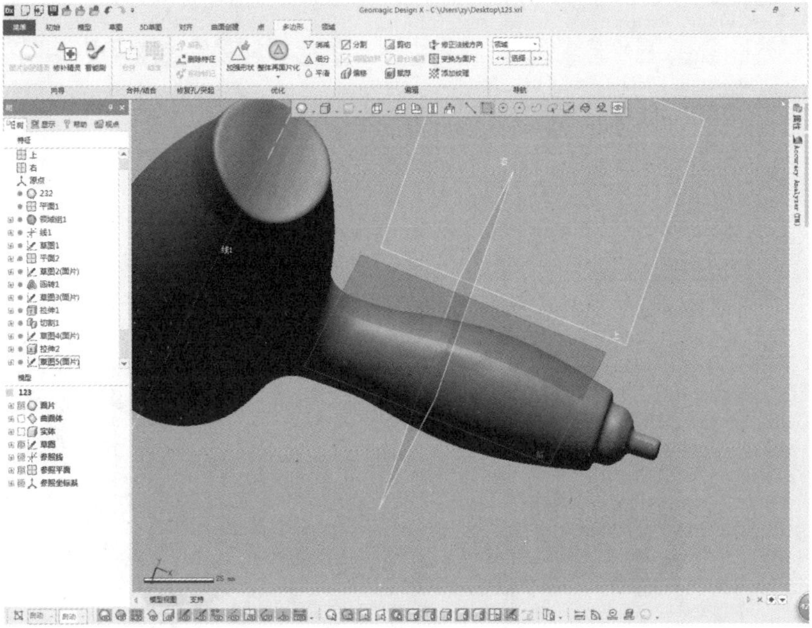

图 2-4-69

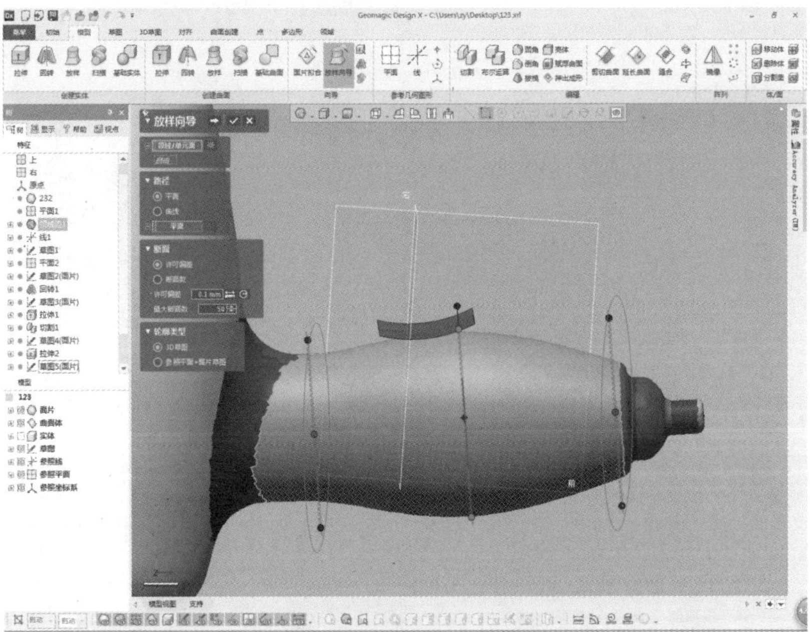

图 2-4-70

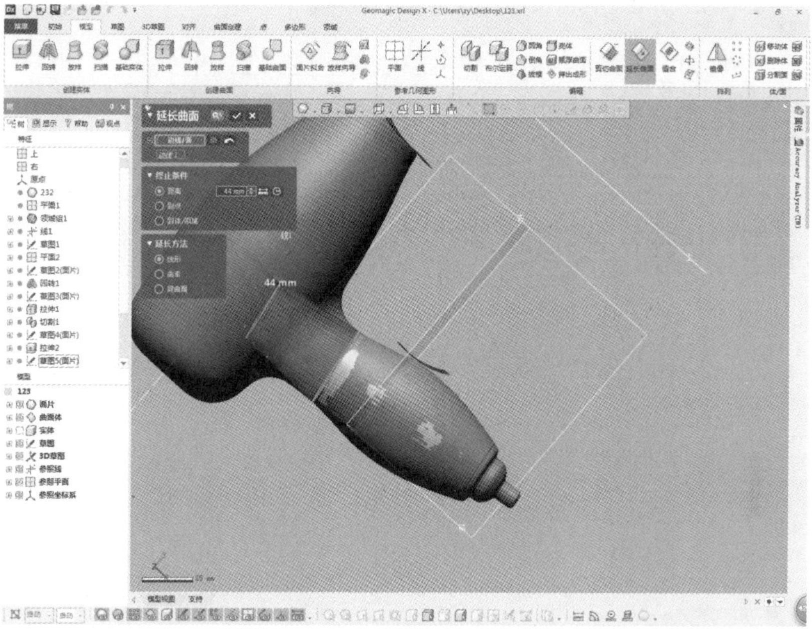
Geomagic Design X - C:\Users\zy\Desktop\123.xrl
延长曲面
终止条件
延长方法
44 mm

图 2-4-71

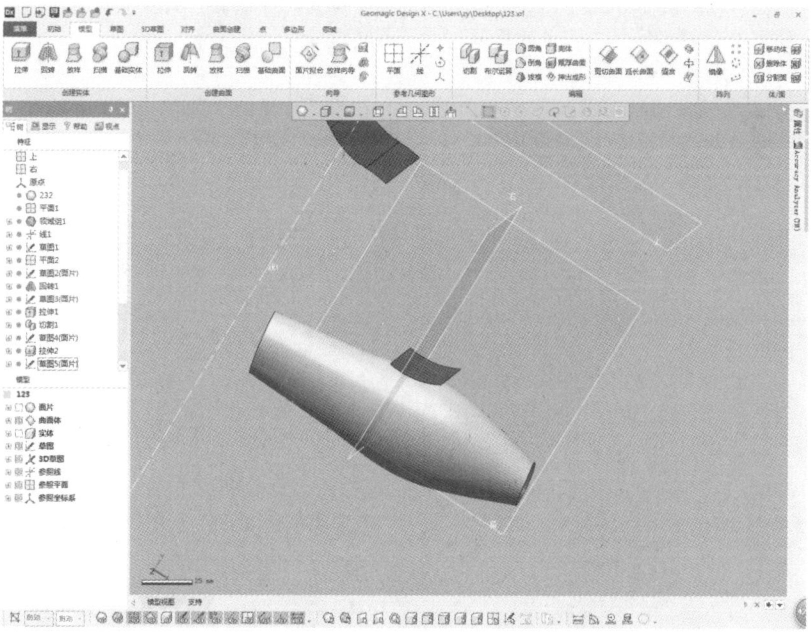
Geomagic Design X - C:\Users\zy\Desktop\123.xrl

图 2-4-72

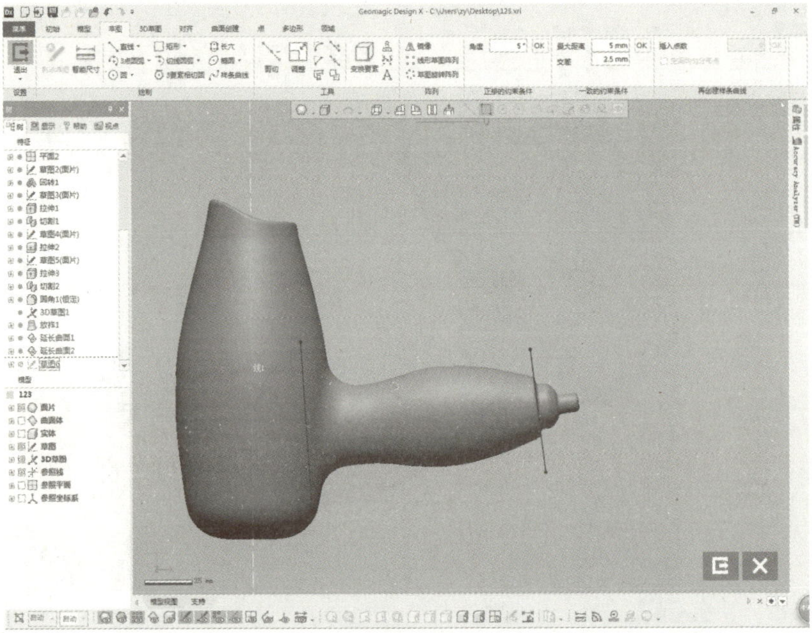

图 2-4-73

对图 2-4-73 所画的草图进行拉伸，如图 2-4-74 所示。

选择“菜单”→“插入”→“曲面”→“剪切曲面”，修剪结果如图 2-4-75 所示。

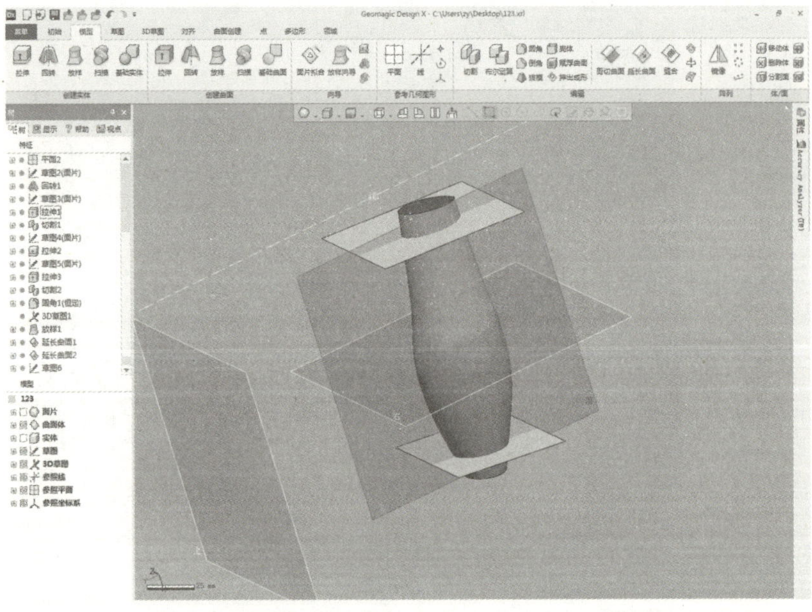

图 2-4-74

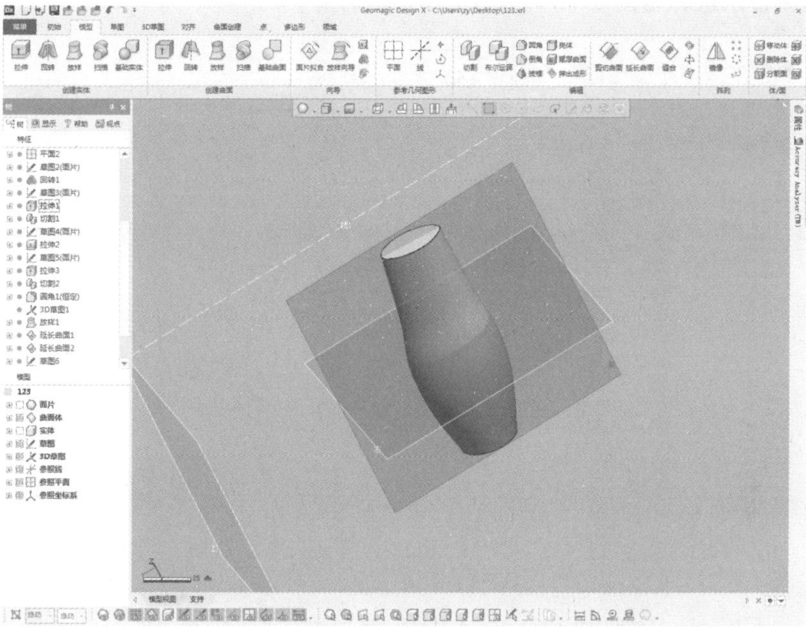

图 2-4-75

步骤三

选择“菜单”→“插入”→“曲面”→“缝合”，将图 2-4-75 所修剪出来的面片进行缝合，进而变成实体，点击“确认”，完成缝合，如图 2-4-76 所示。

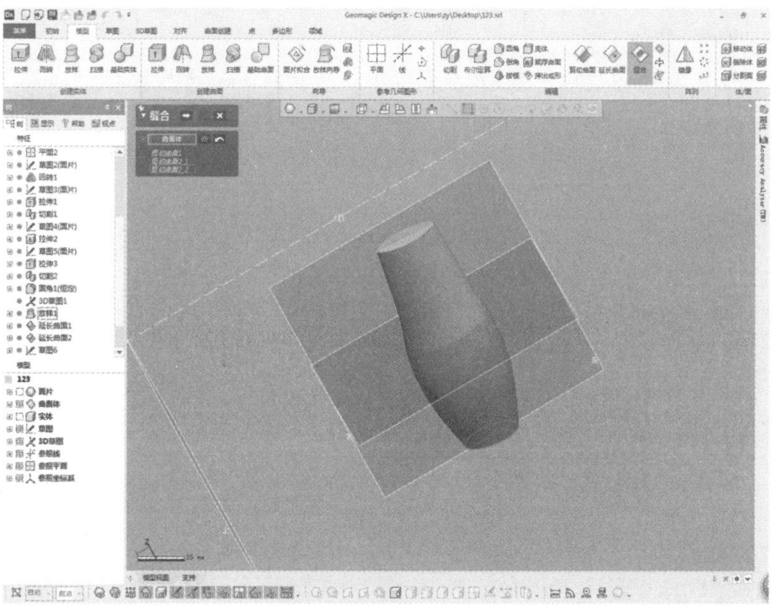

图 2-4-76

选择布尔运算将图 2-4-77 中的实体进行合并。

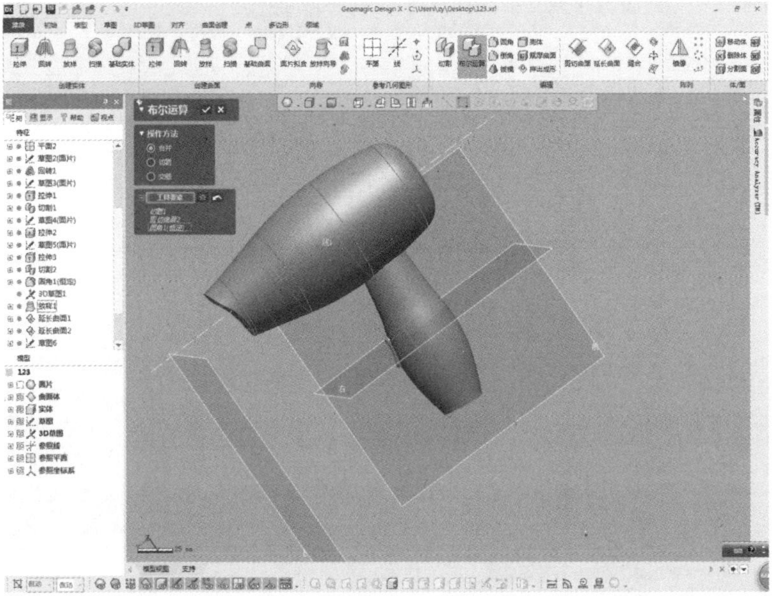

图 2-4-77

7. 电吹风手柄底部建模

步骤一

根据前面的图 2-4-50 的方法作出图 2-4-78 中的回转轴。

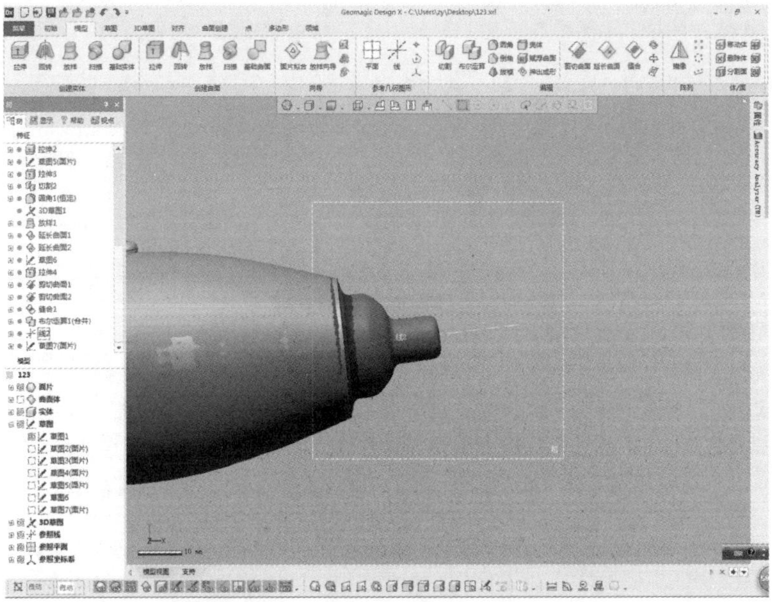

图 2-4-78

步骤二

点击“面片草图”，画出如图 2-4-79 中的草图，点击“确认”完成草图。

图 2-4-79

选择“菜单”→“插入”→“实体”→“旋转”，“轮廓”选择图 2-4-80 所画的草图，“回转轴”选择箭头所指的边，点击“确认”完成回转。

图 2-4-80

步骤三

选择“菜单”→“插入”→“参照几何体”→“平面”，“方法”选择“选择多个点”，按图 2-4-81 中内容来确定平面(在平面内选取 4 到 5 个点即可)。

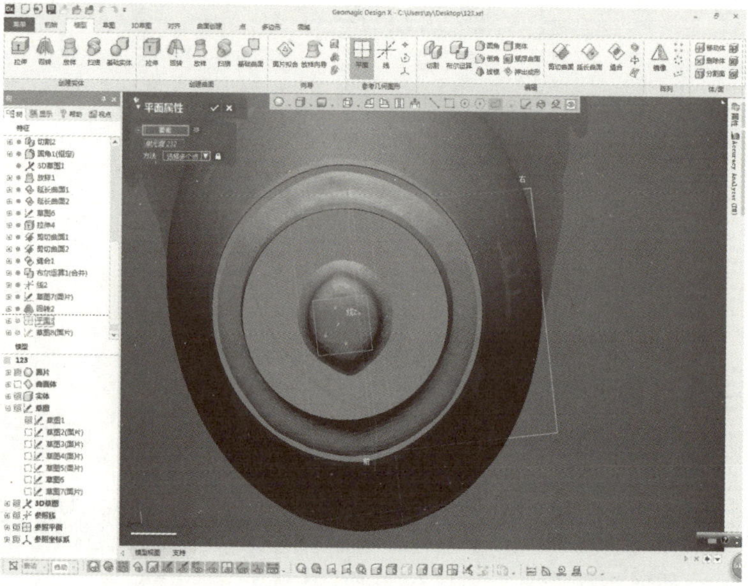

图 2-4-81

点击草图，以图 2-4-81 所作出的平面作为基准平面，画出图 2-4-82 所示内容(通过圆和三点圆弧来画)，点击“完成”退出草图。

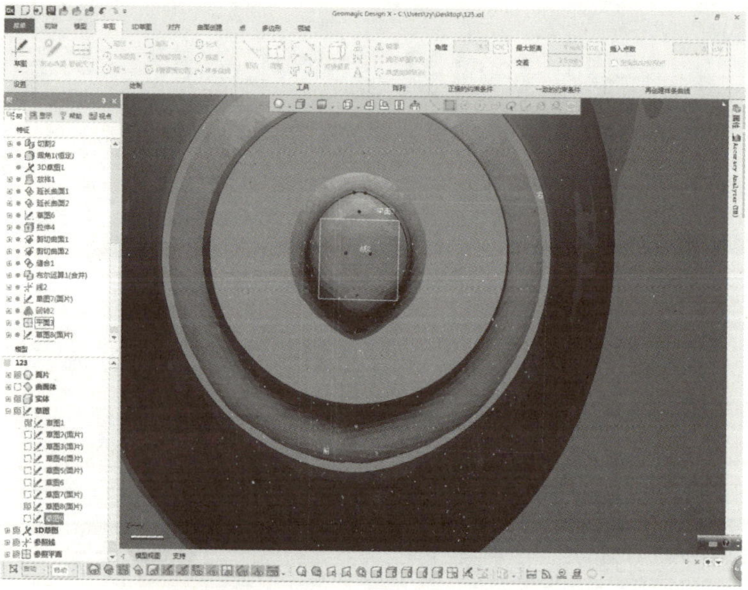

图 2-4-82

步骤四

选择“菜单”→“插入”→“实体”→“拉伸”，“轮廓”选择图 2-4-82 所作的草图，结果如图 2-4-83 所示。

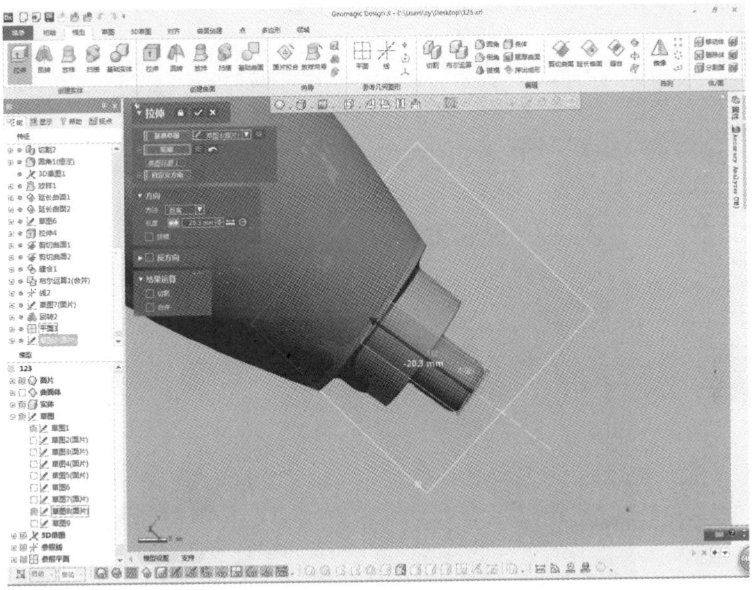

图 2-4-83

点击“布尔运算”，将图 2-4-84 中所有体进行合并。

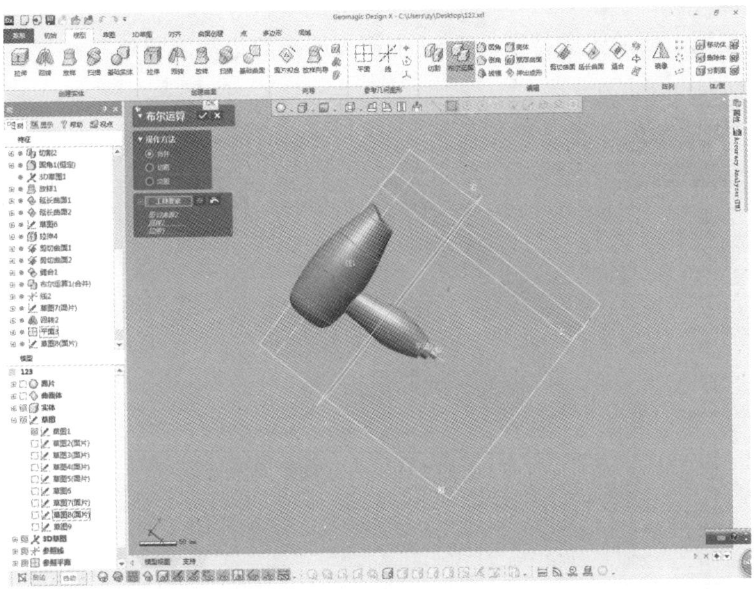

图 2-4-84

8. 电吹风整体细节创建

步骤一

选择“菜单”→“插入”→“建模特征”→“圆角”，“要素”选择图 2-4-85 中箭头 1 所指的边角，再点箭头 2 所指的“由面片估算半径”。

图 2-4-85

步骤二

最后按照上面的步骤把图 2-4-86 中箭头所指的边都倒圆角。

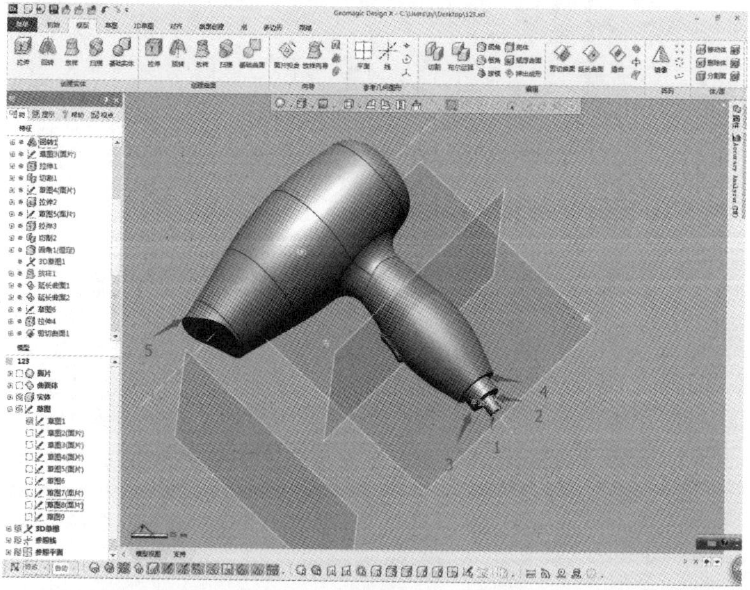

图 2-4-86

结果如图 2-4-87 所示。

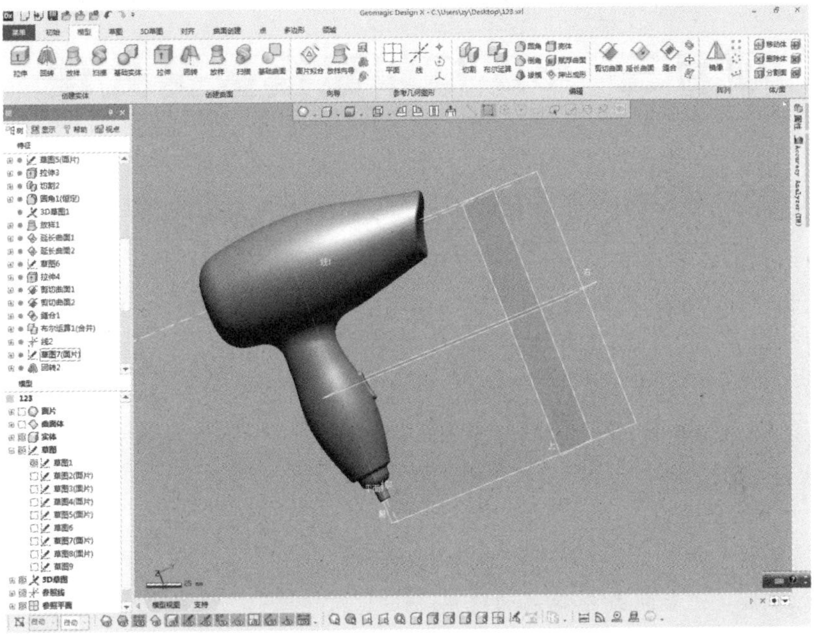

图 2-4-87

项目三　3D 打印建模数据处理

3D 打印前数据输入，也就是三维模型的设计并导出 STL 格式文件。对于绝大多数增材制造设备而言，开始成型前，必须对工件的三维 CAD 模型进行 STL 格式化和切片等前期处理，以便得到一系列的截面轮廓，避免 CAD 模型的前期处理造成的误差。STL 格式已成为 3D 打印行业通用的格式。在计算机数据处理能力足够的前提下，进行 STL 格式化时，应选择更小、更多的三角面片，使之更逼近原始三维模型的表面，这样可以减小由 STL 格式化所带来的误差影响。

学习目标

(1)了解主流 3D 建模软件数据导出的方法；

(2)掌握主流数据处理软件的使用。

任务一　主流 3D 建模软件数据导出

3D 打印模型数据处理三维软件以其直观化、可视化等优点在许多行业的概念设计、产品设计、产品制造、产品装配等方面都应用广泛，应用三维软件可以使产品的质量、成本、性能、可靠性、安全性等得到改善。目前市场上三维软件可谓是种类繁多，如 UG、Pro/E、CATIA、Solidworks 等，每个三维软件在建模方面都有自己的特色，本任务以应用较为普遍的 UG 和 Pro/E 软件为例，来介绍数据的导出。

一、3D 打印流程

3D 打印是通过逐层增加材料来制造零件的，其流程如图 3-1-1 所示。

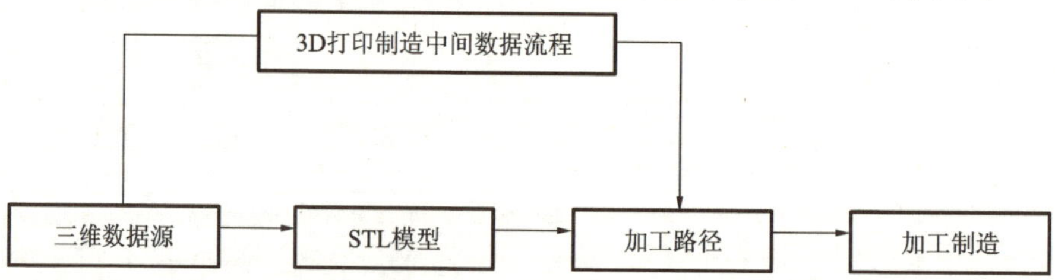

图 3-1-1　3D 打印流程

二、UG 中 STL 文件的输出

选择“文件”→“导出”→“STL 文件”，然后在“三角公差”和“相邻公差”中输入0，“确定”后导出快速成型文件，输入文件名，直接点“确定”。最后，鼠标选中要转换的文件名后，点击“确定”，接着点击“不连续”、“否”，如图 3-1-2 所示。

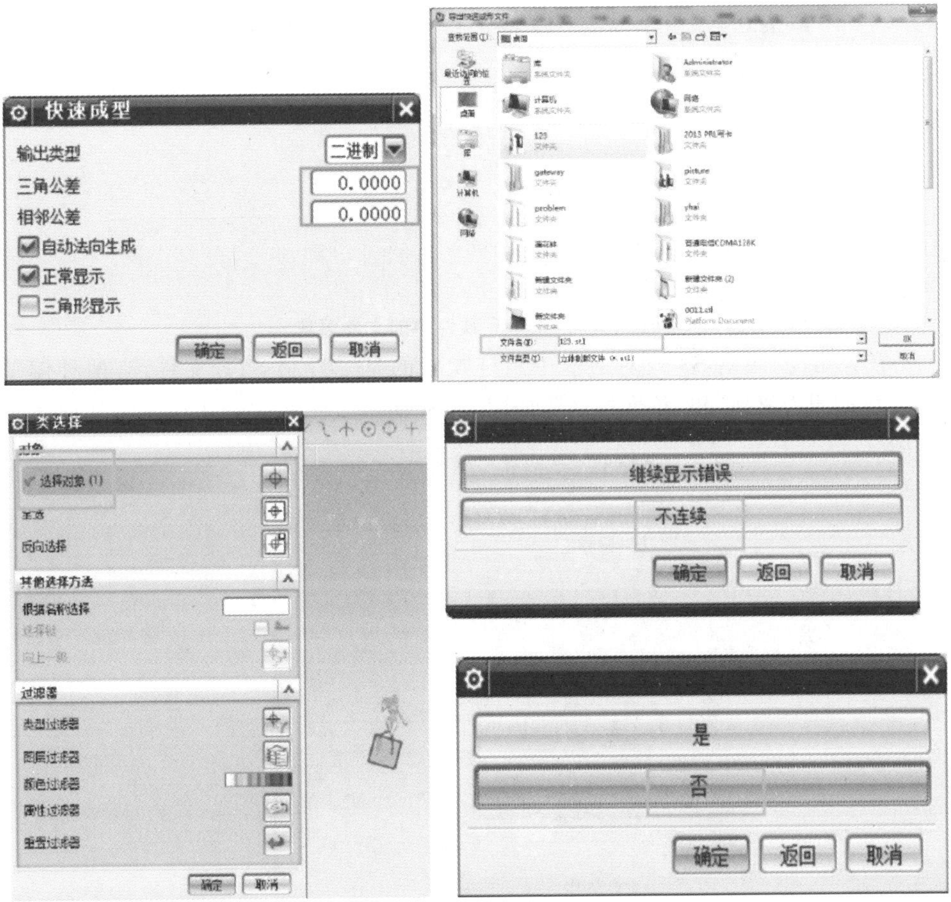

图 3-1-2 UG 软件的文件菜单

三、Pro/E 中 STL 文件的输出

选择菜单栏的“文件”→“保存副本”菜单，在弹出的“保存副本”对话框中选择“STL”类型，单击“确定”按钮。如图 3-1-3 所示。

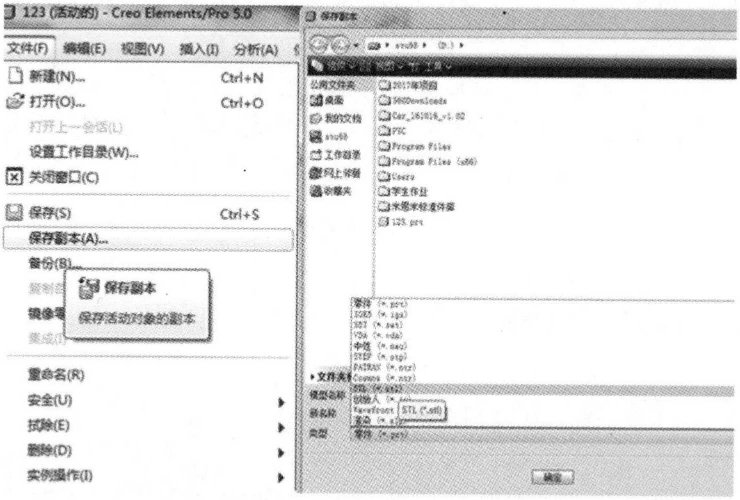

图 3-1-3　Pro/E 软件中的文件菜单

在弹出的“导出 STL”对话框中系统默认的是二进制 STL 文件，有两种偏差控制方式，即“弦高”和“角度控制”，如图 3-1-4 所示。

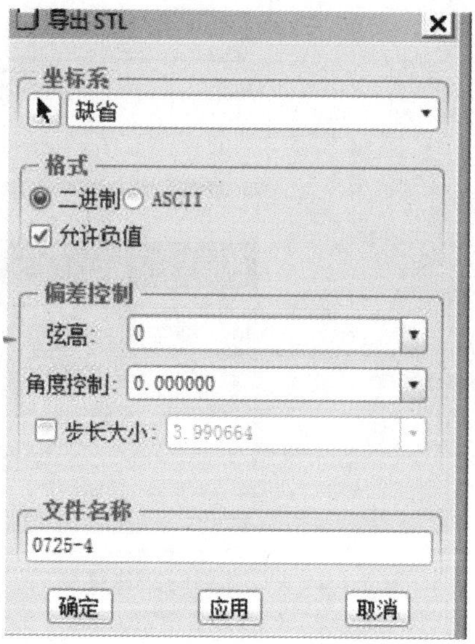

图 3-1-4　“导出 STL”对话框

在“导出 STL”对话框中将“弦高”、“角度控制”数值都修改成 0，此时系统会重新计算出一个新的弦高，点击“确定”按钮。CAD 模型采用 Pro/E 进行 STL 输出的最终形成的三角面片化的结果如图 3-1-5 所示。

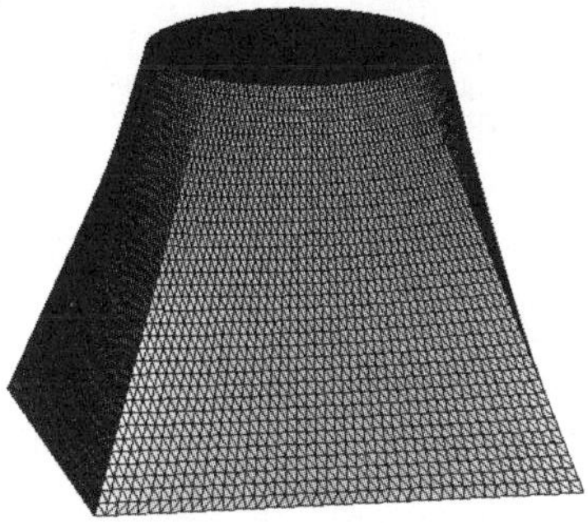

图 3-1-5 CAD 模型 STL 输出时三角面片化

任务二 3D 打印的模型支撑与打印质量

随着 3D 打印技术的飞速发展，3D 打印切片分层软件与 3D 打印设备的结合越来越通用化。本节介绍目前流行的开源的 3D 切片分层 Cura 和 Magics 的应用。

一、模型支撑的概述

3D 打印是在工作平台上进行打印的。由于模型是凭空制造出来的，所以它们必须依附于一些支撑构件以防倒塌。我们把这些构件称为支撑。在我们打印的所有模型中它们都是非常重要的。在打印完成之后，支撑可以被手动剥离。但是注意，剥离之后的支撑可能会在模型表面留痕迹，悬空的、倾角大于 45°的模型一般都要加支撑，根据重力原理，如果一个物体的某个面与垂直线的角度大于 45°且悬空，就有可能发生坠落，如图 3-2-1 所示。

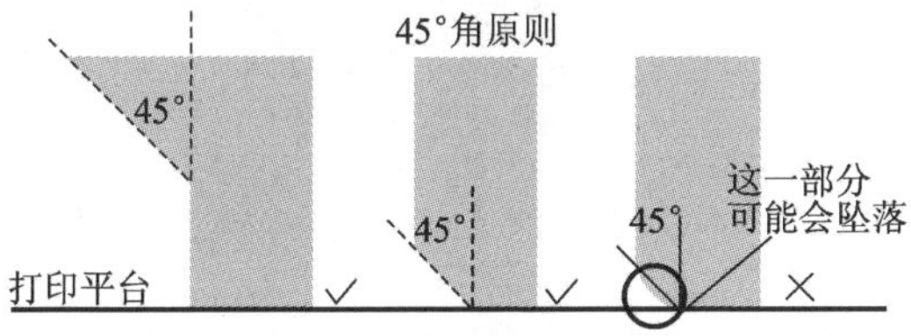

图 3-2-1 支撑 45°原理

二、3D 打印的质量

由于模型是一层一层打印的，打印的方向决定了模型表面的质量与强度。如图 3-2-2 所示是两个形状一样但是打印方向不同的物体，水平打印的物体很明显地展示出了台阶纹。

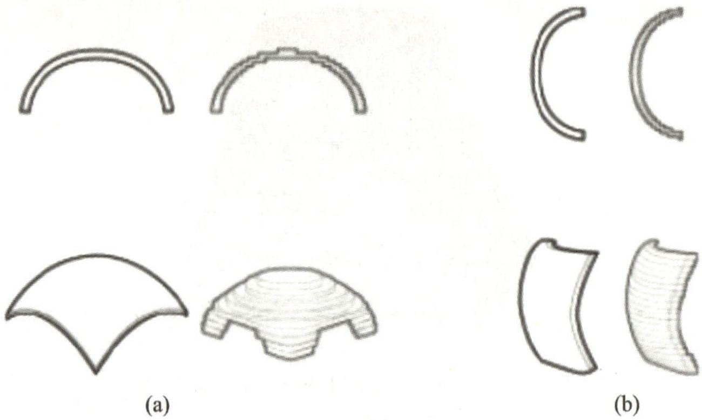

图 3-2-2　表面质量与打印方向的关系

任务三　3D 打印切片软件 Cura

Cura 是 Ultimaker 公司设计的 3D 打印切片软件，是目前主流的 3D 打印切片软件，Cura 以高度整合性、人性化和容易使用为目标，相对其他切片软件来说，界面较为专业，需要设置的参数也较多。

一、Cura 切片分层软件的简易应用

Cura 的操作界面如图 3-3-1 所示，其基本参数如图 3-3-2 所示。

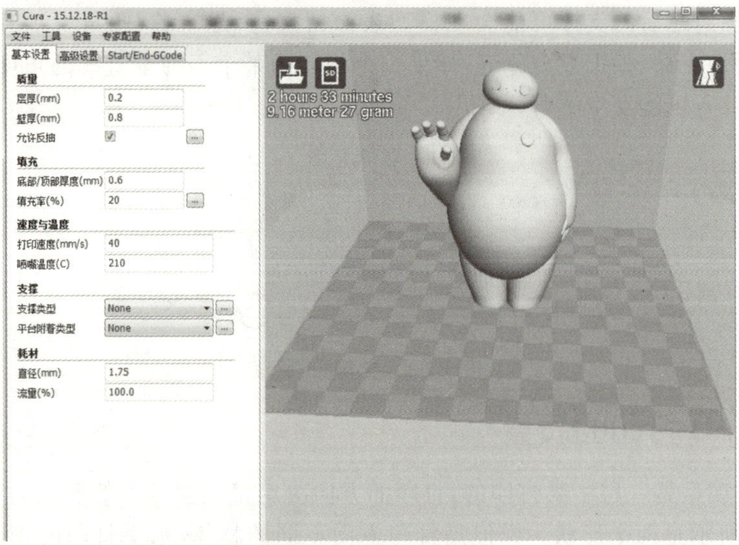

图 3-3-1　Cura 界面

图 3-3-2　Cura 基本参数

1. 基本设置

(1)层厚：每一层丝的厚度，支持 0.05～0.3 mm，推荐在 0.1～0.2 mm 之间取值。

层厚越小，表面越精细，打印时间越长。

(2)壁厚：模型外壁厚度，每 0.4 mm 为一层丝，推荐在 0.8～2.0 mm 之间取值。

壁厚越大，强度越好，打印时间越长。

(3)允许反抽：打印的时候将丝回抽。如果不反抽会产生拉丝，影响成型效果。

(4)底部/顶部厚度：底部和顶部厚度。如果打印模型出现顶部破孔，可以适当调大这个数值。

(5)填充率：0 为空心，100%为实心。减少填充可以节省打印时间，但是影响强度。空心有时候会因为壁厚太薄，无法完成模型打印，适当的填充有时候是必要的。

(6)打印速度：推荐 40～60 mm/s。适当地调低速度，让打印的时候有足够的冷却时间，可以让模型打印得更好。

(7)喷嘴温度：打印时挤出头的温度，ABS 材料推荐为 210～230 ℃，PLA 材料推荐为 190～220 ℃。如果温度太低则无法挤出，卡住无法出丝。

(8)热床温度：ABS 材料推荐为 90～110 ℃，PLA 材料推荐为 70～80 ℃。

温度太低，耗材黏性不够，会造成粘不紧，出现翘边的情况。

(9)支撑类型:打印的过程中因为有悬空,丝会因为重力作用掉下来,所以需要添加支撑,但不是所有悬空都是需要支撑的。选项中 None 表示无支撑;Touching buildplate 表示外部支撑,在模型有外部悬空的地方增加支撑,内部不添加支撑;Everywhere 表示在模型任何悬空的地方都添加支撑,包括模型内部。

(10)平台附着类型:增加一个底座,可以让打印的模型粘得更紧。选项中 None 表示不添加底座;Brim 表示加厚底座,并在周围增加附着材料;Raft 表示网状的底座。

添加底座可以让平台粘得更紧,Raft 类型底座更省材料。

(11)直径:耗材直径。

(12)流量:打印时丝的流速。

直径和流量这两个参数是配合使用的。直径越大,出丝越慢,流量越大,出丝越快。

2. 高级设置

Cura 高级设置如图 3-3-3 所示。

(1)喷嘴直径:0.4 mm。目前这个数值是固定的。

(2)反转速度:反抽的速度。理论上速度快一点会更好,但是太快了有可能导致不出丝。

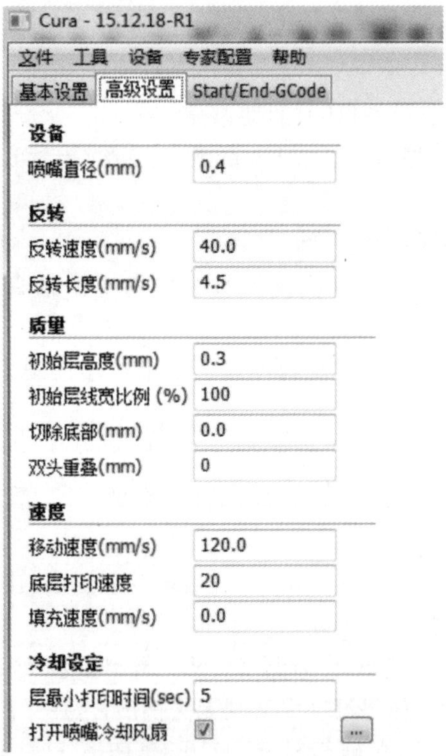

图 3-3-3 Cura 高级设置

(3)反转长度:反抽回去丝的长度。

反转速度与反转长度这两个参数必须在基本设置时选择允许反抽才有意义。

反抽回去丝的长度如果太短也有可能造成拉丝,如果太长则有可能不出丝。

(4)初始层高度:第一层的厚度。第一层设置厚一点,可以让模型粘得更紧。

(5)切除底部:有些模型底部不平,或者接触面比较小的时候,可以切掉一部分。对于底部不是很重要或者需要分开打印的模型,可以设置切除一定高度来进行打印,效果会更好。

(6)双头重叠:双头打印时才有意义。指设置双头打印的时候重复挤压量。设置一定的重复挤压量,可以让两种颜色粘得更紧。

(7)移动速度:机器移动的速度。移动速度越快,打印时间越短。

(8)底层打印速度:打印底层的速度,适当调低底层的打印速度,可以让底部粘得更紧,这样才能更好地打印。

(9)填充速度:打印填充的速度。加快填充速度,可以打印得更快。

(10)外壁速度:打印外壁的速度,低速打印可以让外壁打印得更好。降低外壁打印速度,可以让表面更光滑。

(11)内壁速度:打印内壁的速度。速度加快可以缩短打印时间。

(12)层最小打印时间:每层打印的最小时间,在打印太快的时候,机器会根据这个层最小打印时间调低速度,确保足够的冷却时间。

二、Cura 的数据导入

点击,导入打印模型如图 3-3-4 所示。

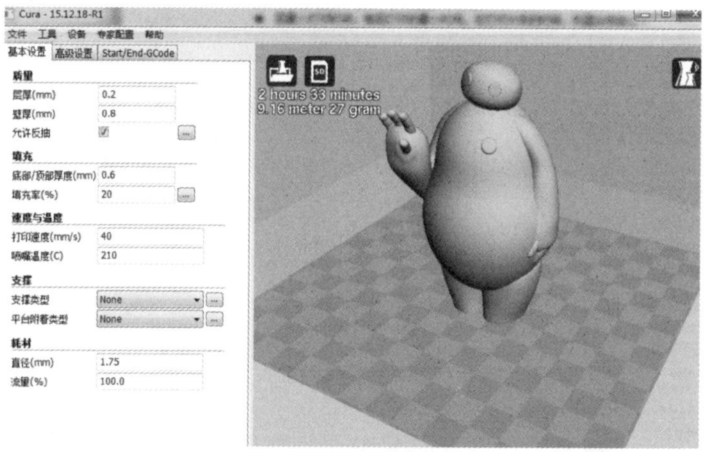

图 3-3-4　Cura 模型导入界面

单击"机型"菜单,选择"机型设置"。根据 XJ3DP 机器工作范围 240 mm×150 mm×240 mm 设置参数如图 3-3-5 所示。

图 3-3-5 XJ3DP 机器设置

打印参数设置如图 3-3-6 所示。

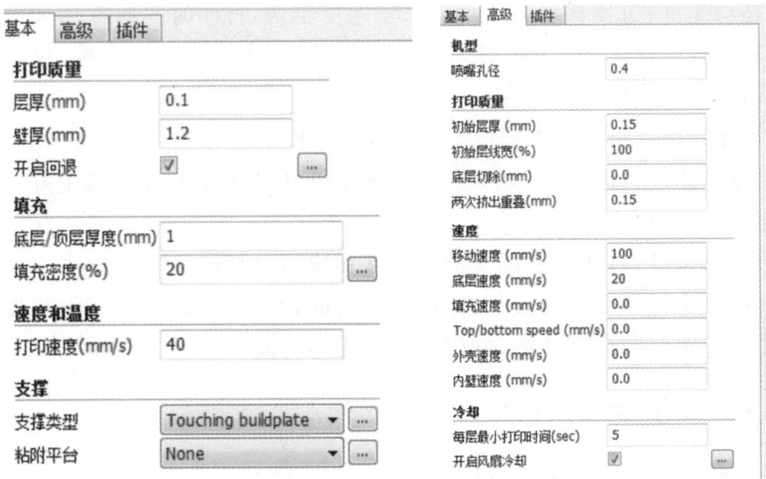

图 3-3-6 参数设置

点击,导入打印模型,如图 3-3-7 所示。

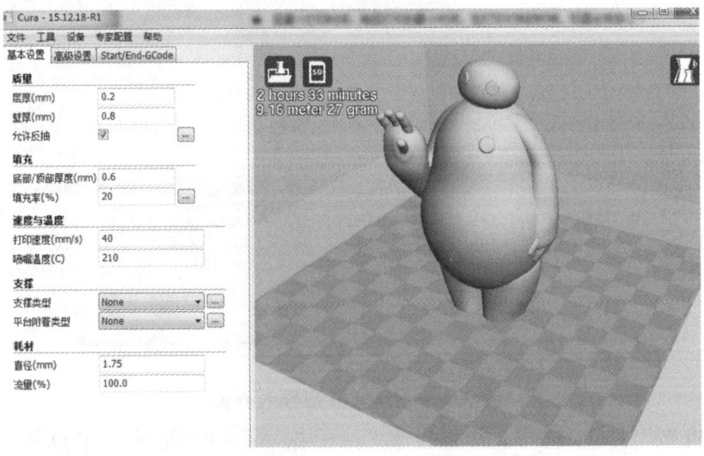

图 3-3-7 导入打印模型

点击右上角，选择“Layers”，进行模型切片。保存G代码：单击“文件”，选择“保存GCode...”，选择保存路径，如图3-3-8所示。

导出G代码后，用Click!.exe转成xj3dp格式。详细步骤见Click!.exe使用说明。

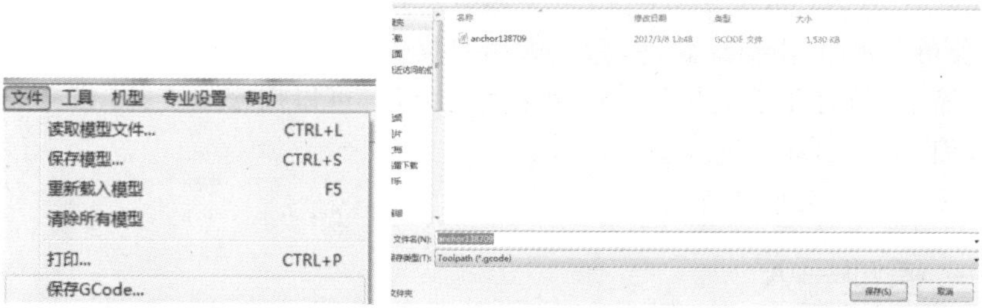

图3-3-8　G代码导出

导出xj3dp文件后，用记事本打开，如图3-3-9(a)所示，由于Cura导出的代码缺失初始化代码，将图3-3-9(b)中的一串代码复制到文档里，用G代码修改热床温度与喷嘴温度。

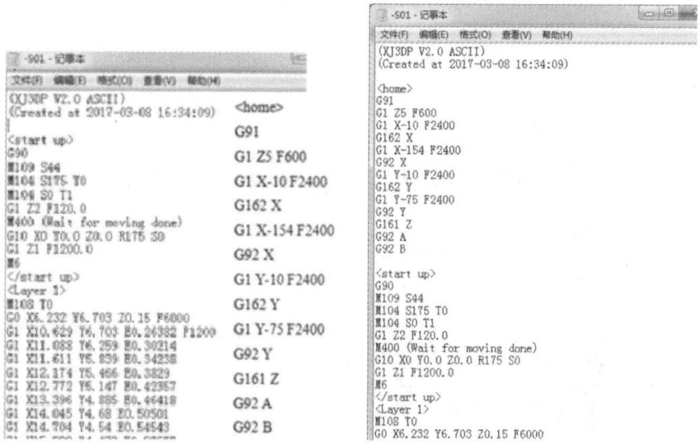

(a)

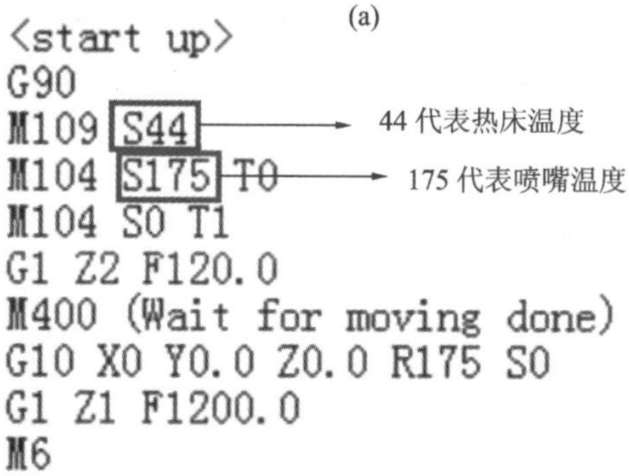

(b)

图3-3-9　G代码修改

任务四 3D 打印切片软件 Magics

比利时 Materialise 公司自 1990 年起就一直致力于快速成型领域的开发与研究，该公司发布的 Magics 软件，为广大用户提供了一个快速成型的有效途径，可以大大缩小 3D 打印系统和关键应用之间的鸿沟，可以用来加支撑，修补破面，以达到人们对 3D 打印快速成型的需求。

Magics 切片分层软件的应用如下。

一、模型导入

选择文件，打开导入 STL 格式文件，如图 3-4-1 所示。

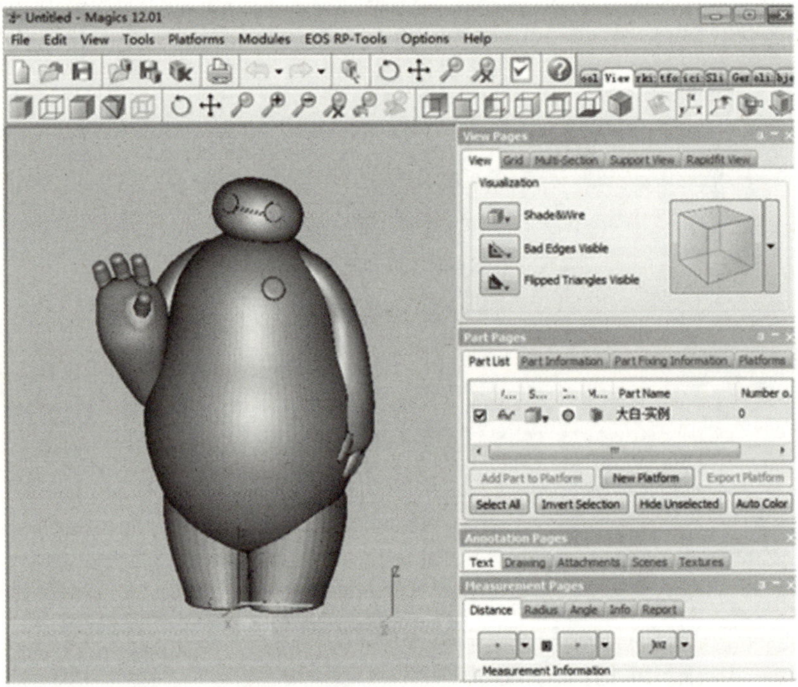

图 3-4-1 STL 文件导入

二、模型修复

检测图形是否存在破损，选取工具栏 Tools，点击进行修复向导（快捷键为“Ctrl＋F”），如图 3-4-2 所示。

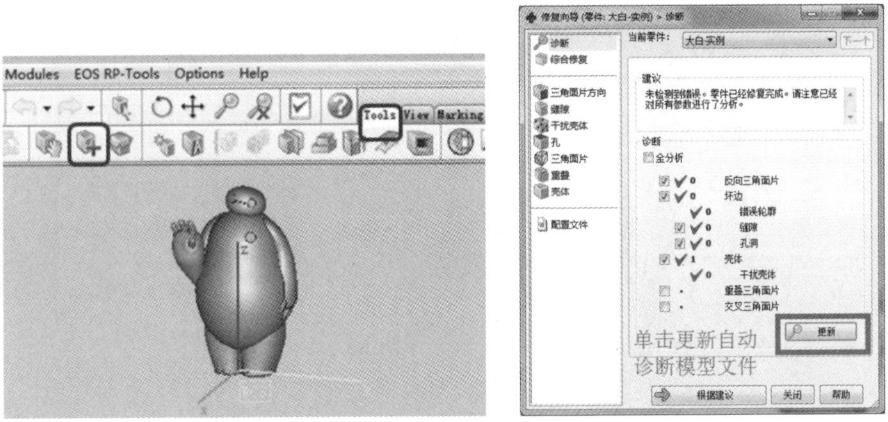

图 3-4-2　模型数据修复

三、模型导入机器平台

1. 测量模型大小

测量模型大小以便于选择机器平台,如图 3-4-3 所示。

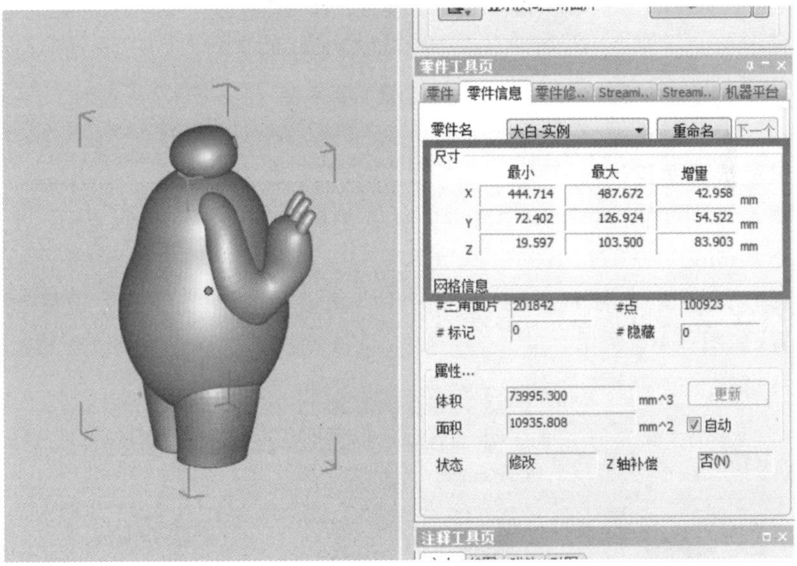

图 3-4-3　模型大小

2. 创建光固化成型机器平台

选取工具栏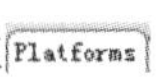,点击,选择3D打印机网板,如图 3-4-4 所示。

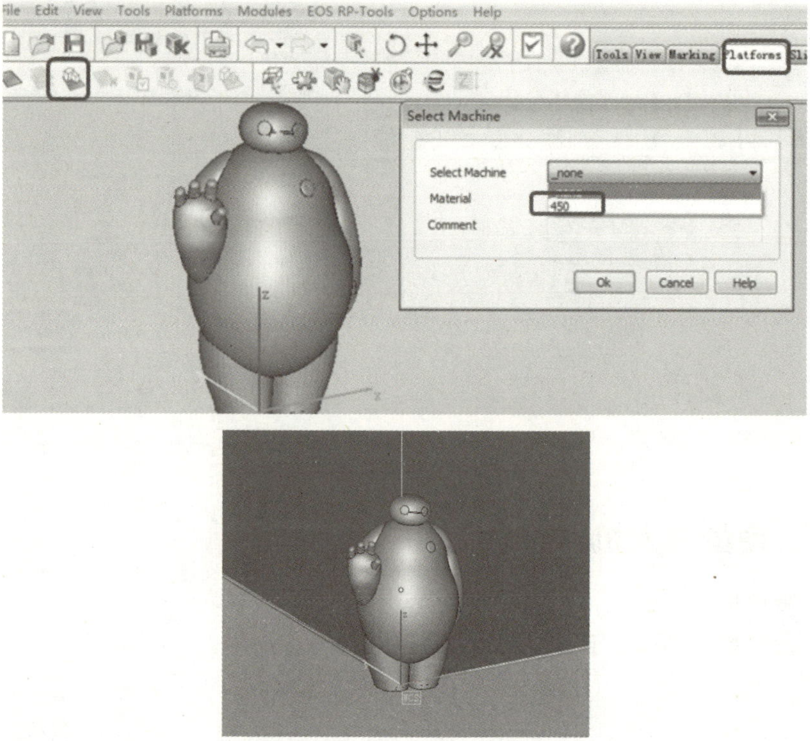

图 3-4-4　创建机器平台

3. 模型选面摆正

模型零件尽可能选择平面做底面并放置于机器平台中心位置，底面与机器平台高度为 6 mm。

选择“View”窗口，点选 TOP 视图，按 F3 激活模型，单击鼠标左键移动模型到指定位置，如图 3-4-5 所示。

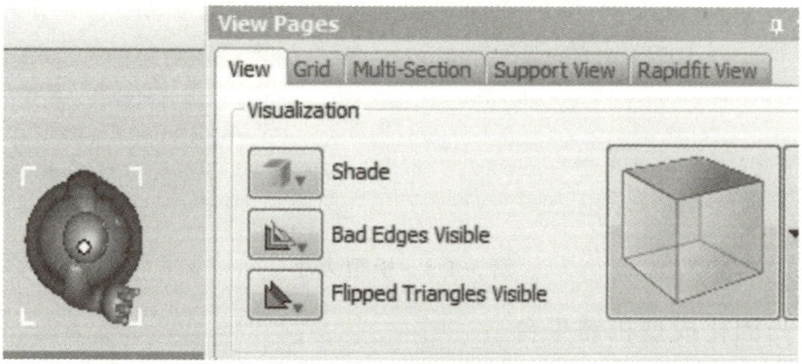

图 3-4-5　移动模型

选择工具Tools，再选择，设置零件摆放高度为 6 mm，如图 3-4-6 所示。

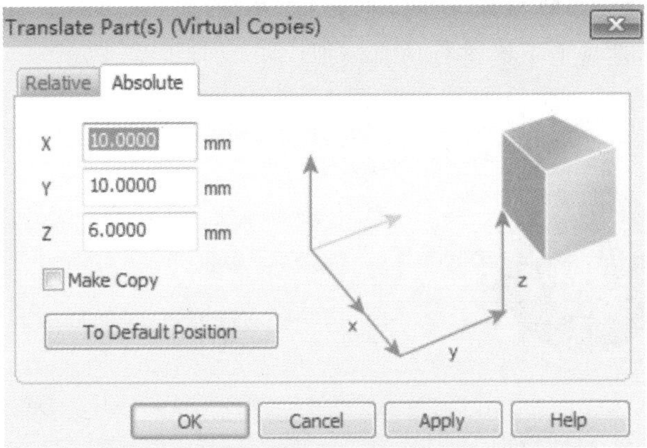

图 3-4-6　支撑高度

4. 生成支撑数据

支撑为零件与平台悬空部分，其中前面 60 层(层厚 0.1 mm 对应零件与平台间高度)为基础支撑。

选取 Support Generation 窗口，点击，自动生成支撑，如图 3-4-7 所示。

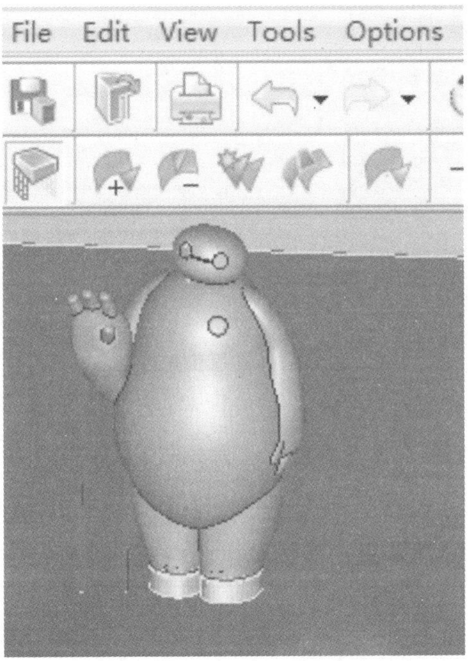

图 3-4-7　生成支撑数据

5. 支撑检查及优化

选择“View”窗口，点选 TOP 视图，再选择 Multi-Section 窗口，如图 3-4-8 所示，勾

选 Z 轴、打开 Clip 模型显示方向，选择 Hide side away from origin，设置层厚为 0.1 mm，通过按键盘上下键进行仿真模拟。

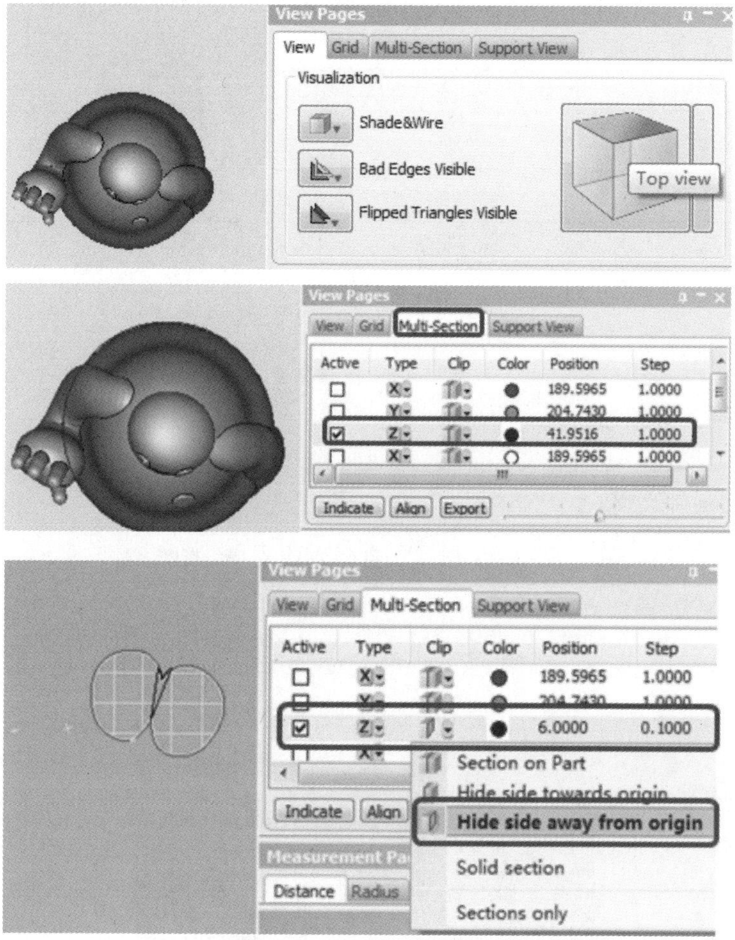

图 3-4-8　支撑优化过程

6. 支撑优化

通过仿真模拟，判断一些支撑可以去除，选择按键，按键盘 N 键把其他支撑移除，如图 3-4-9 所示，达到省时、省材的目的。

选择完成支撑生成，退出生成支撑页面，选择“否”支撑不保存，如图3-4-10所示

7. 数据导出及打印

选择 Platforms 窗口，点击，选择导出路径，如图 3-4-11 所示，选取导出格式为 SLC 文件，将 SLC 文件复制到 SLA450 设备进行打印制作，如图 3-4-12 所示。

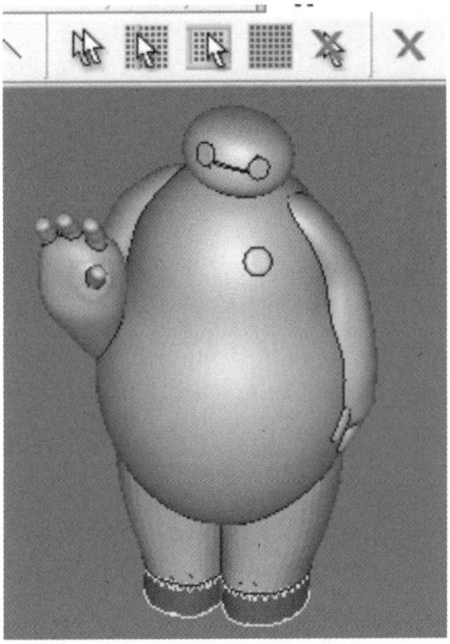

图 3-4-9　支撑优化结果

图 3-4-10　退出支撑页面

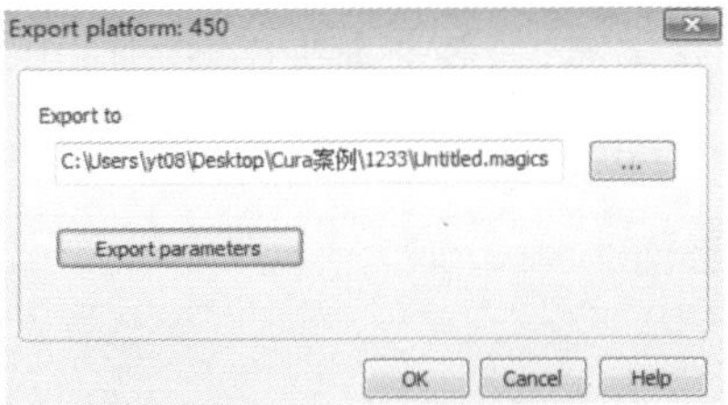

图 3-4-11　导出路径

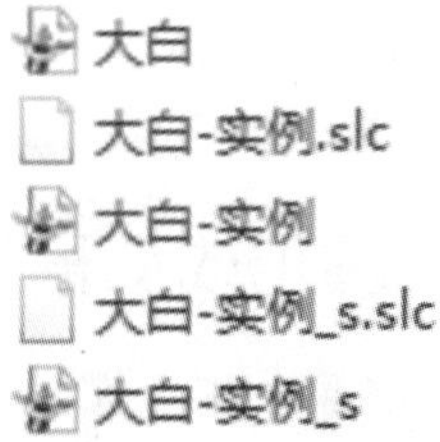

图 3-4-12　导出数据结果

项目四　液态树脂光固化成型技术

光固化成型(stereolithography,SL)技术以光敏树脂为原料,计算机控制下的紫外激光以零件各分层截面的轮廓为轨迹逐点扫描,使被扫描区的树脂薄层产生光聚合反应,从而形成零件的一个薄层截面。当一层固化完毕,移动工作台,在原先固化了的树脂表面再敷上一层新的液态树脂以便进行下层扫描固化。新固化的一层牢固地粘合在一层上,如此重复至整个零件原型制造完毕。

20 世纪 70 年代末到 80 年代初期,美国 3M 公司的 Alan J. Hebert、日本的小玉秀男、美国 UVP 公司的 Charles W. Hull 和日本的丸谷洋二,在不同的地点提出快速成型技术(rapid prototyping,RP)的概念,即利用连续层的选区固化产生三维实体的新思想。1986 年,UVP 公司 Charles W. Hul 制作的 SLA-1 获得专利。光固化成型技术是用激光聚焦到光固化材料表面,使之由点到线,由线到面顺序凝固,周而复始,这样层层叠加构成一个三维实体,可获得精度很高的表面质量。

学习目标

(1)掌握光固化成型打印机的操作及维护方法;

(2)掌握光固化成型打印机成型精度的控制;

(3)掌握光固化成型特点及应用。

任务一　液态树脂光固化成型机操作与维护

液态树脂光固化成型是 3D 打印光聚合成型技术之一,是目前市面上常用的打印技术,制作质量高,效果好。

本任务选取国内主流的液态树脂光固化打印机(西安交通大学 SPS450B,见图 4-1-1)进行讲述。

一、光固化成型机的主要性能指标

SPS450B 设备主要性能指标如下。

(1)外形尺寸:1 665 mm×1 095 mm×1 930 mm

(2)电源: 220 V AC

(3)最大功率:3.0 kW

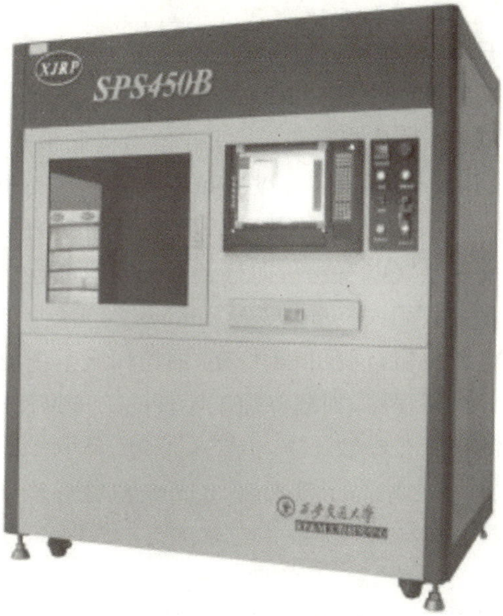

图 4-1-1 西安交通大学 SPS450B

(4)加工范围：450 mm×450 mm×350 mm

(5)加工精度：±0.1 mm(≤100 mm)，±0.1%(>100 mm)

(6)扫描速度：2 000～10 000 mm/s

(7)分层厚度：0.05～0.2 mm

二、光固化成型机的设置和操作

光固化成型机控制面板如图 4-1-2 所示。

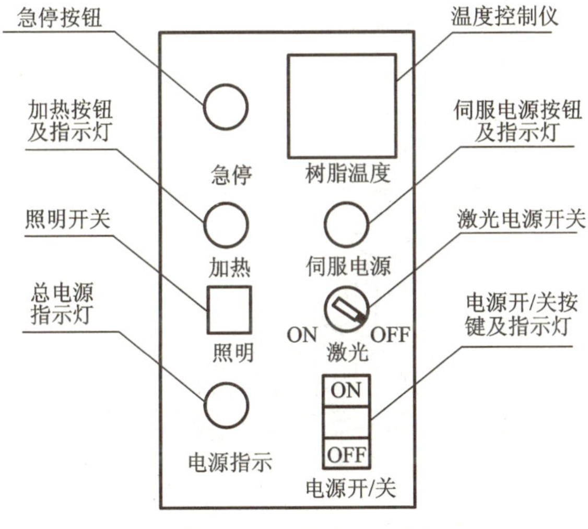

图 4-1-2 光固化成型机控制面板

1. 制件操作步骤

(1)打开总电源开关(在成型机后板上)。

(2)按下电源开关的“ON”按钮,电源指示灯亮。

(3)按下“加热”按钮,加热指示灯亮,即开始给树脂加热,温度控制仪控制加热温度。树脂温度上升到 32 ℃时,可以开始制作零件。加热过程大约需要 1 h(如若工作间隔不长,可不必关断加热及电源,免去长时间的加热等待)。

(4)旋转“激光”旋钮至“ON”位置,即打开激光器电源。

(5)打开计算机,启动 Windowds 98/Windows 2000。

(6)按下“伺服”电源按钮,伺服指示灯亮,即给伺服系统加上电源。

(7)打开 RpBuild 控制程序,加载待加工零件的 *.PMR 或 *.SLC 文件。

(8)加载或设定制作工艺参数。

(9)调整托板位置,使之略高于液面(0.3 mm 左右);若继续制作上次中断的零件,则不要移动托板。

(10)点击“开始重新制作”后,计算机会提示是否自动关闭激光器(若连续制作,选择“否”,若考虑其他,选择“是”),选择后进入自动制作过程。

(11)制作完成后,屏幕出现“RP 项目制作完成”提示。

(12)将托板升出液面,取出制件,并将托板清理干净。

(13)清理过程中,可以按下“照明”按钮,使用照明。

(14)继续制作其他项目,则重复步骤(7)~(12)。

(15)关闭激光器时,旋转“激光”旋钮至“OFF”位置,即关掉激光电源(注意:关闭激光器之前,不应关闭伺服电源及 RpBuild 控制程序)。

(16)若长时间不使用机器,则应关闭各电源开关,最后关闭总电源。

2. 光固化成型机的日常保养与维护

光固化成型机按其功能可分为硬件部分和软件部分,其中硬件(见图 4-1-3)包括激光扫描系统、托板升降系统、液位控制系统与涂铺系统、温度控制系统和计算机控制系统。

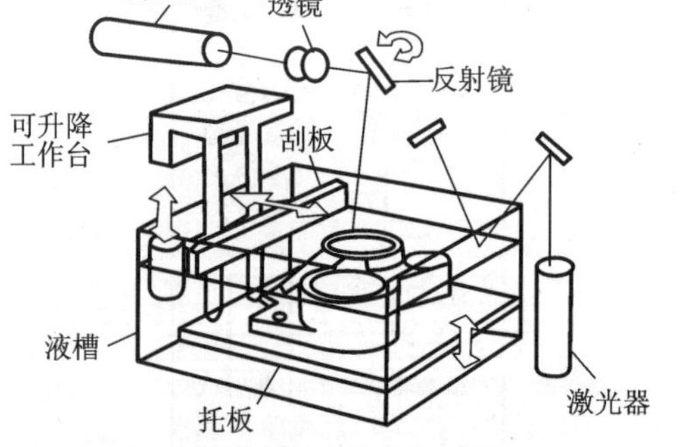

图 4-1-3　激光快速成型机硬件部分

1)激光扫描系统的日常保养与维护

用光学镜头擦拭纸蘸少许无水乙醇(擦拭纸浸湿后再用力甩干),擦拭反射镜表面,注意每擦一次更换一次擦拭纸,不要用同一张纸反复擦拭。

注意:在操作过程中防止激光直接照射人眼和皮肤。激光器、反射镜、扫描器和聚焦镜要防尘。

2)托板升降系统的日常保养与维护

(1)定期检查轴承及丝杠副润滑情况,导轨每隔一段时间要擦洗、上油一次,建议用10#机油。

(2)加工制作完成以后,将工作台升起至高出树脂液面3～5 mm。

(3)在托板上刮铲零件时,不要用力过大,以免托板受力变形。

(4)加工制作完成后,及时将托板清理干净。使用时间较长的情况下,托板上的有些小孔会被固化的树脂阻塞,此时应该清理托板。可将拖板拆卸下来(转动网板前端两个带滚花的偏心夹紧机构,使其挂钩脱开,再松开网板里边的两个压紧螺钉,水平向前抽出网板)。

(5)Z轴方向间隙的消除。使用过程中如发现Z轴方向进给量有误差,产生的原因有可能是Z轴滚珠丝杠轴向窜动引起的。Z轴方向的检查调整可从以下两个方面进行:

①检查电动机与丝杠联轴节是否松动,如松动应将紧固螺钉拧紧;

②检查上轴承盖是否压紧上轴承外圈,检查时可用长螺钉,上下撬动丝杠,感觉是否有间隙,如有间隙可以调整压紧轴承的上端盖即可消除。

(6)维修时,如拆下滚珠丝杠副后,不要将滚珠丝杠滑块移到丝杠的尽头,以免滚珠掉出来。如拆下直线导轨副后,不要将直线导轨滑块移到直线导轨的尽头,以免滚珠掉出来。

(7)在同步带的传动机构中,从动轮支座安装在可微调的滑块上,松开其紧固螺钉,调节滑块的位置,可张紧同步齿形带,然后拧紧滑块的紧固螺钉。

(8)整机的水平校正为每3个月一次(首次应在装满树脂后),制件的尺寸精度校正为每光路系统调整一次就需要校正一次。

3)液位控制系统与涂铺系统的日常保养与维护

(1)液位控制系统,每次进行制件前要检查液面,保持树脂充足,如果不足就适当添加树脂。

(2)长时间使用涂铺系统(见图4-1-4),在刮板上会粘附许多固化后的树脂,将影响刮板涂层工作,必须予以清除。机构设计是可拆卸的。用户只要拧下导向键上四个螺钉,即可取下刮板,用工具和酒精加以清除清洗。干净后再返回装上即可。

涂层机构(见图4-1-5)的滚珠直线导轨,还有滚轮直线导轨也应定期擦除脏物,涂少量机油,保持导轨的清洁与运动灵活。

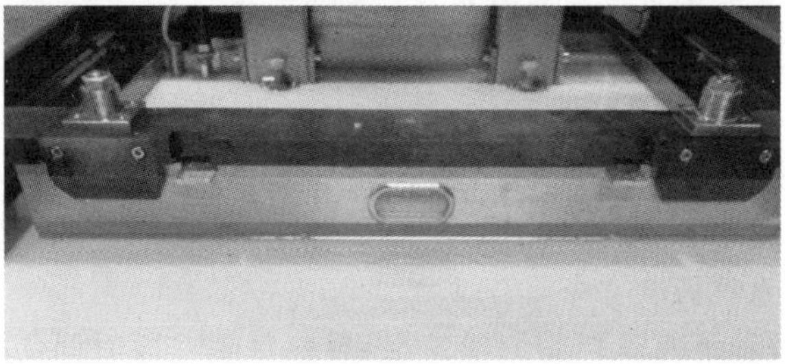

图 4-1-4　涂铺系统

图 4-1-5　涂层机构

4)温度控制系统的日常保养与维护

树脂的温度由 PID 温度控制器自动调节，如图 4-1-6 所示，温度控制系统使树脂温度维持在某范围内。温度传感器测量树脂的温度，当树脂的温度超过设定值时，温度控制器给固态继电器发出指令，红外线加热板断电；当温度低于设定值时，红外线加热板通电。

图 4-1-6　温度控制系统

树脂的温度对制件的成型质量有一定的影响，建议用户待树脂温度恒定在32℃时再开始制作零件。

5)计算机控制系统的日常保养与维护

(1)制件时要合理存放文件,尽量不要在计算机中安装其他软件。

(2)制件完成后要关闭计算机。

3. SLA 的特点及应用

在目前应用较多的几种3D打印技术中,SLA由于具有成型过程自动化程度高、制作原型精度高、表面质量好以及能够实现比较精细的尺寸成型等特点,使之得到较为广泛的应用。

1)SLA 主要优点

(1)是最早出现的快速原型制造工艺,成熟度高。

(2)由CAD数字模型直接制成原型,加工速度快,产品生产周期短,无需切削工具与模具。

(3)成型精度高(在0.1 mm左右),表面质量好。

2)SLA 主要缺点

(1)SLA系统造价高昂,使用和维护成本相对过高。

(2)工作环境要求苛刻。耗材为液态树脂,具有气味和毒性,需密闭,同时为防止提前发生聚合反应,需要避光保护。

(3)成型件多为树脂类,强度、刚度、耐热性有限,不利于长时间保存。

(4)软件系统操作复杂,入门困难。

(5)后处理相对烦琐。打印出的工件需用工业酒精和丙酮进行清洗,并进行二次固化。

3)SLA 的应用

SLA由于具有加工速度快、成型精度高、表面质量好,技术成熟等优点,在概念设计、单件小批量精密铸造、产品模型及模具等方面被广泛应用于航空、汽车、消费品、电器及医疗等领域(见图4-1-7)。

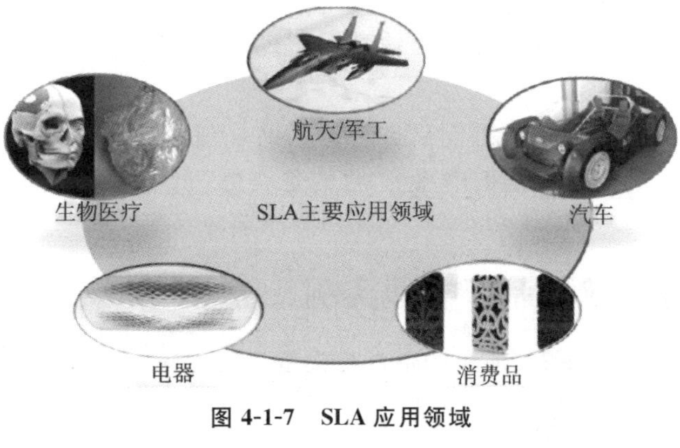

图 4-1-7 SLA 应用领域

任务二　液态树脂光固化成型的典型案例

本任务讲解通过 Magics 软件对三维模型数据进行切片，导出 SLC 文件，光固化机对数据进行加载及制作的案例。

光固化成型的流程可分为三个阶段：数据准备、快速成型制作及后处理，如图 4-2-1 所示 。

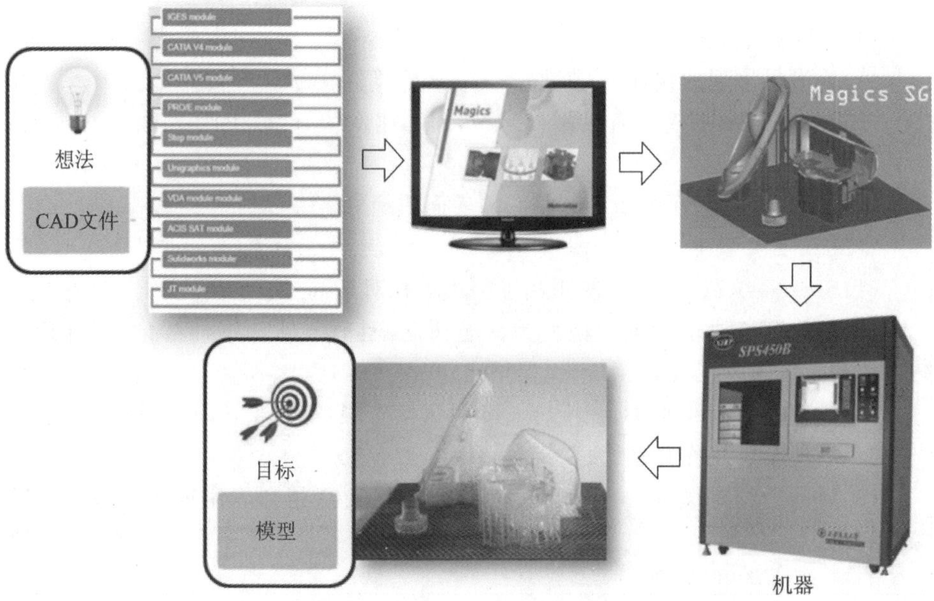

图 4-2-1　光固化机成型工作流程

数据准备包括 CAD 三维模型的设计、STL 数据的转换、制作方向的选择、分层切片以及支撑编辑等几个过程。

快速成型制作是将制造数据传输到成型机中，快速成型出零件的过程，它是快速成型技术的核心。

后处理是指整个零件成型完后进行的辅助处理工艺，包括零件的清洗、支撑去除、后固化、修补、打磨、表面喷漆等，目的是获得一个表面质量与机械性能更优的零件。

一、光固化成型制作模型实例

下面以制作如图 4-2-2 所示的生肖狗模型为例，讲解光固化成型的方法。

图 4-2-2

1. Magics 软件数据处理

(1)双击 Magics 12.01 图标,导入数据,如图 4-2-3 所示。

(2)设置打印工作台。点击,选择 450 工作台,如图 4-2-4 所示。

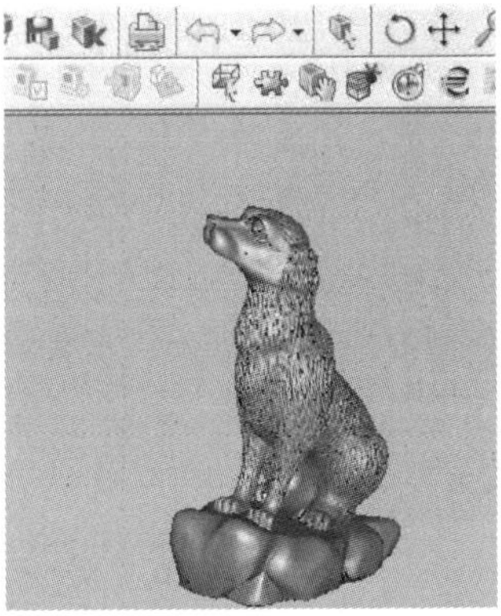

图 4-2-3

图 4-2-4

(3)选择点击,进行模型摆放(尽量摆在工作台中心),如图 4-2-5 所示。

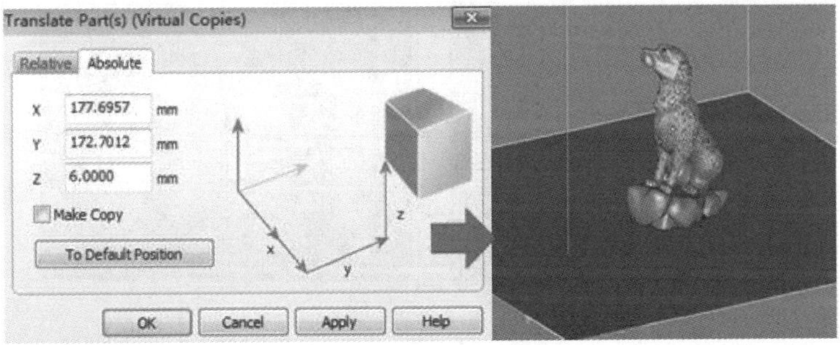

图 4-2-5

（4）模型修复。选择 TOOLS 菜单，点击图标，再点击“Go to Advised Step”按钮进行修复，修复项出现绿色勾选证明已修复完毕，如图 4-2-6 所示。

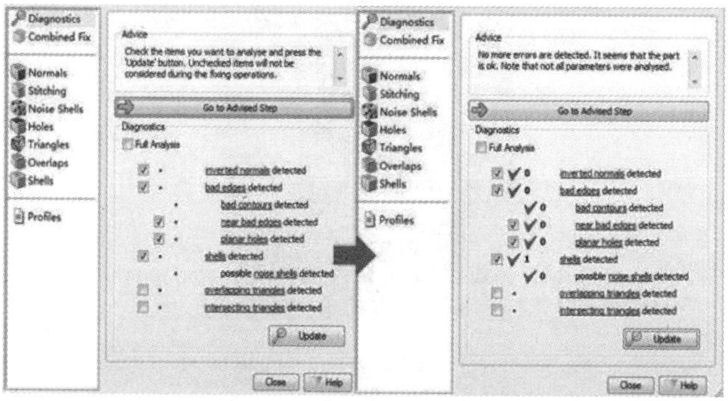

图 4-2-6

（5）选择 Support Generation 菜单，点击，自动生成支撑图标，如图 4-2-7 所示。

图 4-2-7

（6）修改支撑。点击，显示全部支撑图标，把支撑类型是“1”的改为 Block；支撑是“0”的改为 None，如图 4-2-8 所示

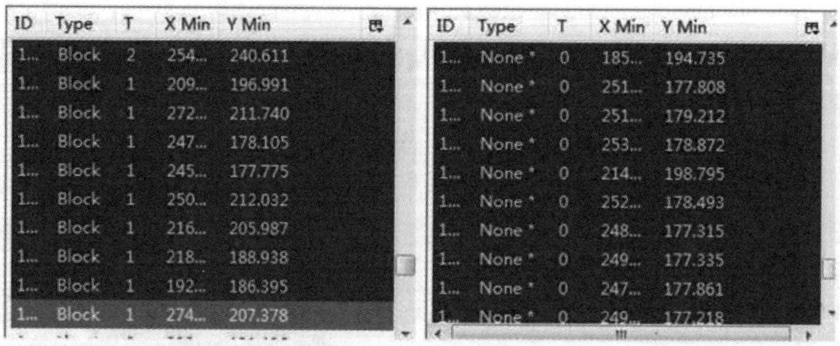

ID	Type	T	X Min	Y Min
1...	Block	2	254...	240.611
1...	Block	1	209...	196.991
1...	Block	1	272...	211.740
1...	Block	1	247...	178.105
1...	Block	1	245...	177.775
1...	Block	1	250...	212.032
1...	Block	1	216...	205.987
1...	Block	1	218...	188.938
1...	Block	1	192...	186.395
1...	Block	1	274...	207.378

ID	Type	T	X Min	Y Min
1...	None *	0	185...	194.735
1...	None *	0	251...	177.808
1...	None *	0	251...	179.212
1...	None *	0	253...	178.872
1...	None *	0	214...	198.795
1...	None *	0	252...	178.493
1...	None *	0	248...	177.315
1...	None *	0	249...	177.335
1...	None *	0	247...	177.861
1...	None *	0	249...	177.218

图 4-2-8

(7)手动修改支撑。按 F11 键隐藏工作台,把模型切换为俯视图设置 Z 方向切片参数

,按住键盘↑及↓进行细节仿真,如图 4-2-9 所示。

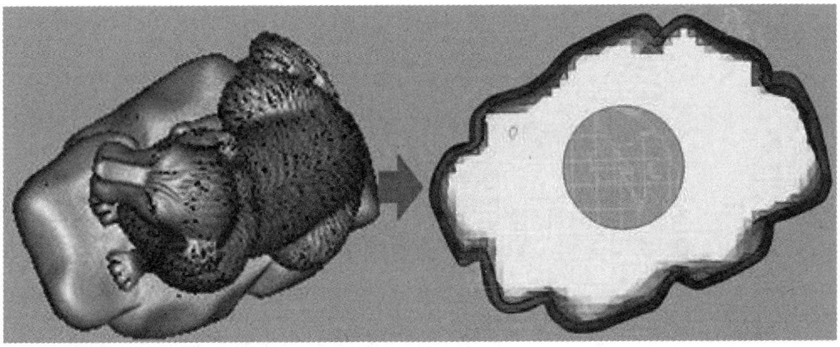

图 4-2-9

(8)删掉多余支撑。选择“Support Generation”菜单,单击支撑编辑图标,选择对应的支撑,按“Delete”键,如图 4-2-10 所示。

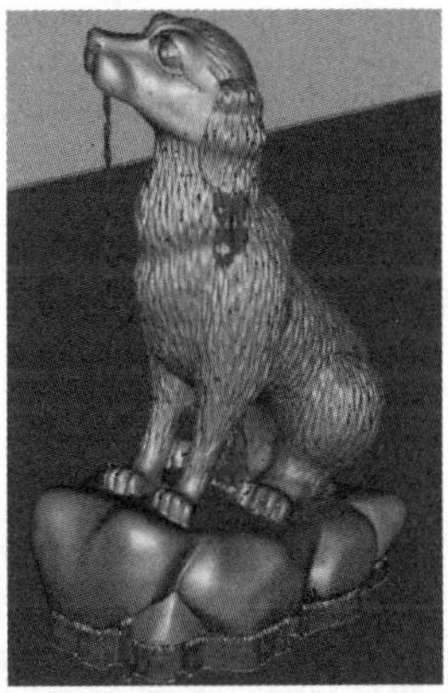

图 4-2-10

(9)退出支撑编辑界面,点击图标,选择“否”,如图 4-2-11 所示。

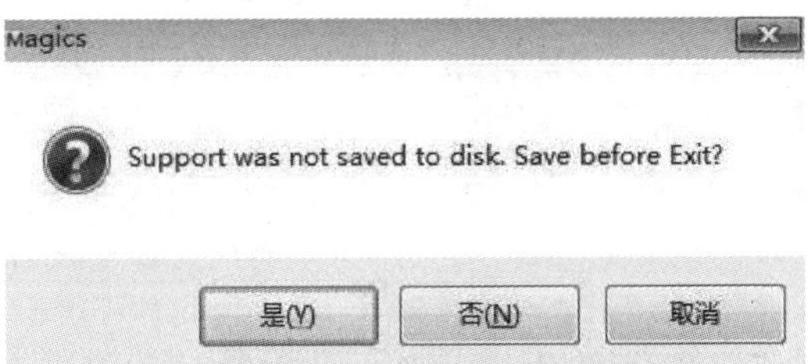

图 4-2-11

(10)导出分层数据。点击图标,选择导出数据路径,如图 4-2-12 所示。

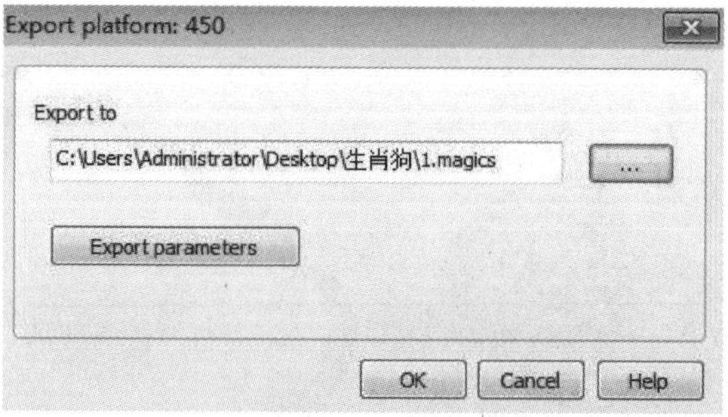

图 4-2-12

(11)导出文件分析。其中“. slc”是实体文件,“_s. slc”是支撑文件,“. s”是工作台文件,其余是模型文件和整一个切片数据文件,如图 4-2-13 所示。

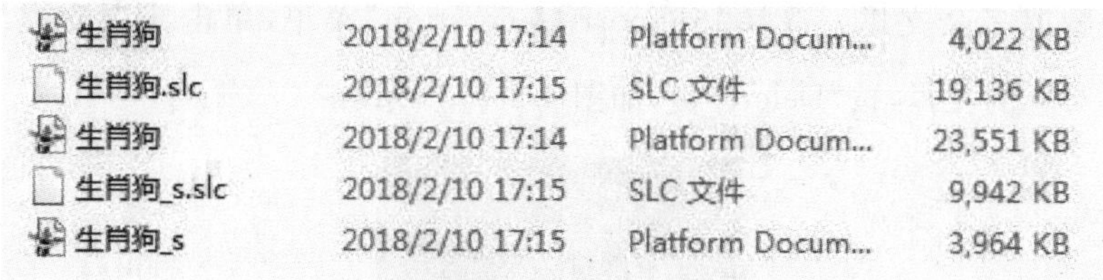

图 4-2-13

2. 光固化机操作

(1)打开 RPBuild 软件,在文件菜单中将. slc 文件导入设备,如图 4-2-14 所示。

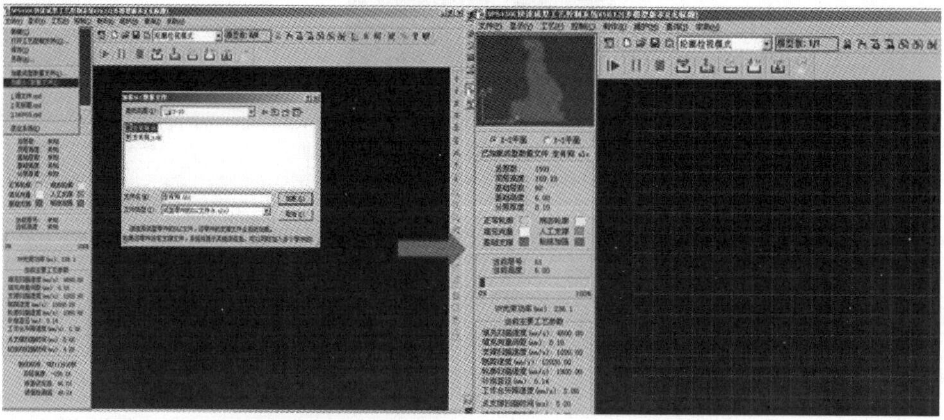

图 4-2-14

(2)搅拌树脂。点击图标,弹出如图 4-2-15 所示对话框,点击“启动搅拌”

按钮进行搅拌。

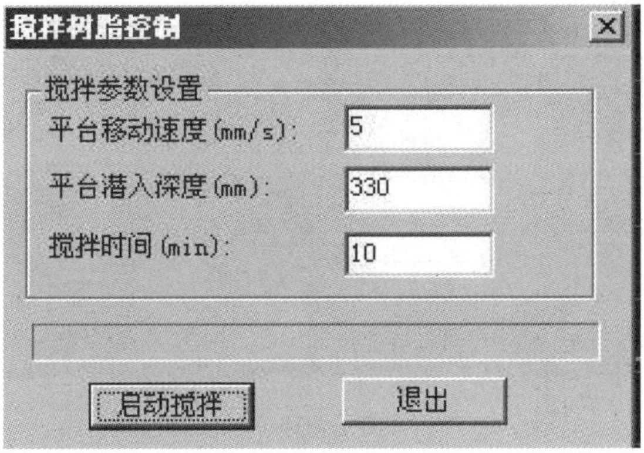

图 4-2-15

(3)进行打印。选择“制作模式”,点击  按键开始制作,如图 4-2-16 所示。

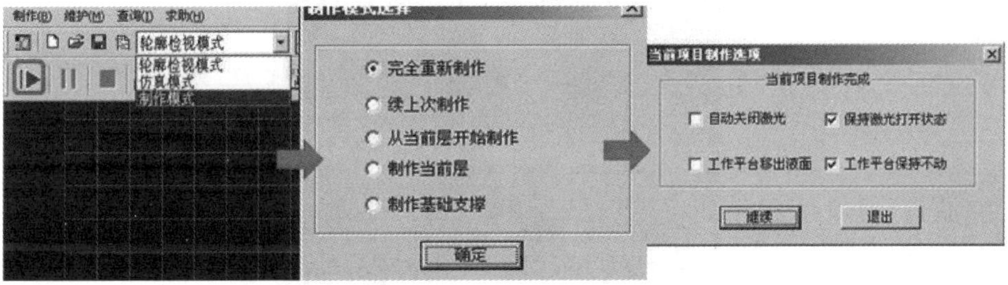

图 4-2-16

(4)打印结束。点击  图标升起工作台,如图 4-2-17 所示。

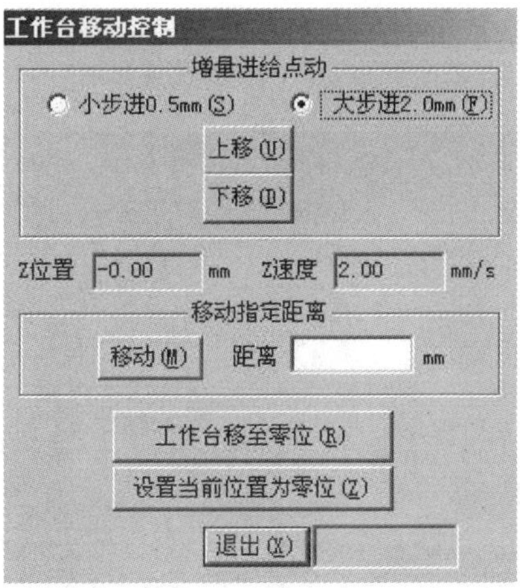

图 4-2-17

(5)取件。打印完的件放在工作台 15 min 后再取出来,让件表面的树脂流干净,如图 4-2-18 所示。

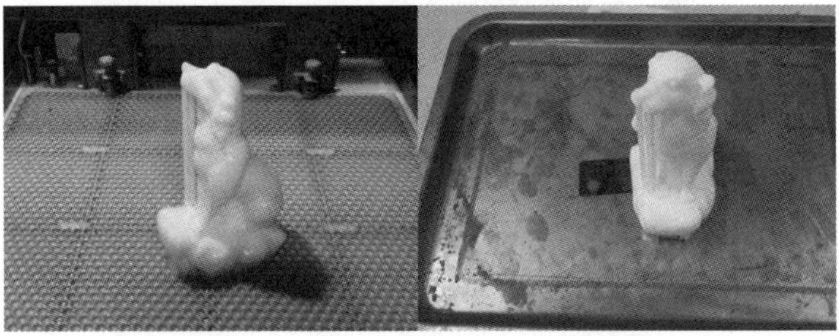

图 4-2-18

3. 后处理

(1)去除支撑。将模型的支撑去掉,保留实体特征,如图 4-2-19 所示。

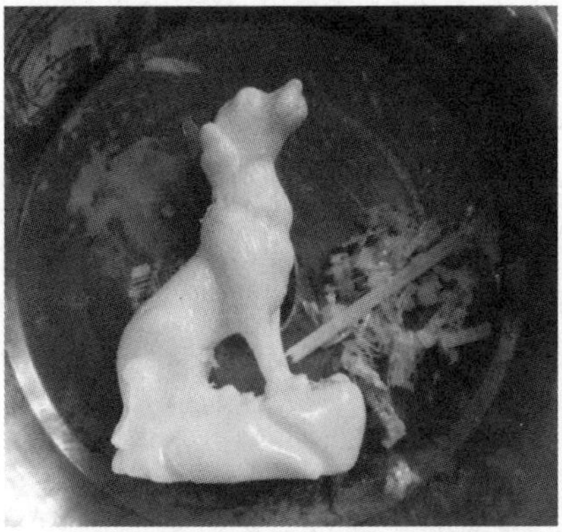

图 4-2-19

(2)工业酒精清洗。利用刷子在酒精里洗刷模型,把模型表面的树脂清洗干净,如图 4-2-20 所示。

图 4-2-20

(3)紫外线固化。利用紫外线把局部一些特征再加强固化,如图 4-2-21 所示。

图 4-2-21

(4)打磨。通过先粗后细的砂纸进行打磨,保证表面的光滑度,如图 4-2-22 所示。

图 4-2-22

(5)上色。通过调颜料给模型上色(古铜色的生肖狗),如图 4-2-23 所示。

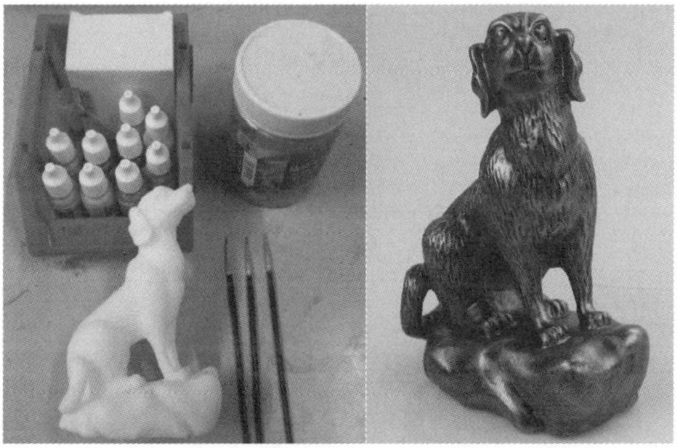

图 4-2-23

二、光固化成型常见问题处理

(1)几何数据处理造成的误差:适当调整 STL 格式的转化精度。

(2)成型过程中材料的固化收缩引起的翘曲变形:改进材料配方。

(3)树脂涂层厚度对精度的影响:减小涂层厚度,提高正向运动精度。

(4)光学系统对成型精度的影响:可采用单模激光器代替多模激光器。

(5)激光扫描方式对成型精度的影响:合适的扫描方式减少零件的收缩量,避免翘曲扭曲变形,提高成型精度。

项目五　丝材熔融挤压成型技术

熔融挤压成型(fused deposition modeling，FDM)技术出现在20世纪80年代末期。1988年，科特克鲁姆普发明了熔融挤压成型技术；次年，科特克鲁姆普成立了Stratasys公司。1992年，第一台基于熔融沉积成型技术的3D打印设备出售，熔融挤压成型技术已被Stratasys公司注册专利。通常2D打印是在一张纸上(一个平面上)完成打印，而3D打印是完成一个立体模型的打印。熔融挤压成型，通俗来讲就是利用高温将材料融化成液态，通过打印头挤出后固化，最后在立体空间上排列形成立体实物。

学习目标

(1)掌握熔融挤压成型打印机的操作及维护技术；

(2)掌握熔融挤压成型打印机的结构及原理；

(3)掌握熔融挤压成型打印后处理方法。

任务一　丝材熔融挤压成型技术打印机的操作与维护

熔融挤压成型技术在3D打印领域有着至关重要的地位。熔融挤压成型技术主要依靠打印头和打印平台的移动，来实现三维立体模型的构建。

本项目选取国内主流的熔融挤压成型打印机——北京太尔时代科技有限公司的UP-BOX(见图5-1-1)进行讲解。

图5-1-1　UP-BOX

UP-BOX 设备主要性能指标如下。

(1) 制件尺寸:255 mm×205 mm×205 mm。

(2) 层厚:0.1/0.15/0.20 /0.25 /0.30 /0.35 /0.40 mm。

(3) 智能支撑生成:自动生成,容易剥离。

(4) 电源:AC110～240 V，50～60 Hz，220 W。

一、打印机介绍

3D 打印机外部结构简图如图 5-1-2 所示。

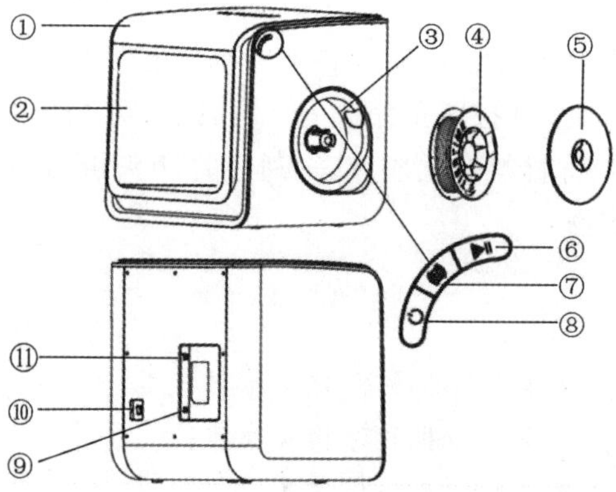

图 5-1-2　打印机外部结构简图

①上盖;②前门;③丝盘架;④丝盘;⑤丝盘磁力盖;⑥暂停/停止键;⑦挤出/撤回键;⑧初始化键;⑨USB 接口;⑩电源接口;⑪电源开关

3D 打印机内部结构如图 5-1-3 所示。

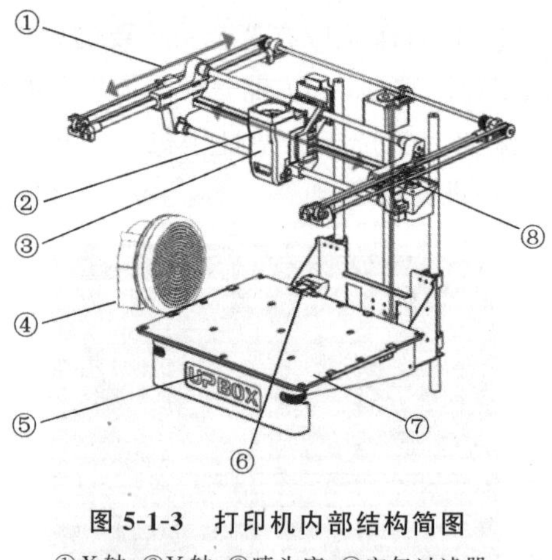

图 5-1-3　打印机内部结构简图

①X 轴;②Y 轴;③喷头座;④空气过滤器;⑤LED 指示灯;⑥喷嘴高度检测器;⑦打印平台;⑧Z 轴

二、打印机基本操作

1. 安装打印平板

将如图 5-1-4 所示多孔打印平板置于打印机工作台上，然后在右下角和左下角把加热板和多孔打印板向前推，使其锁紧在加热板上，如图 5-1-5 所示。

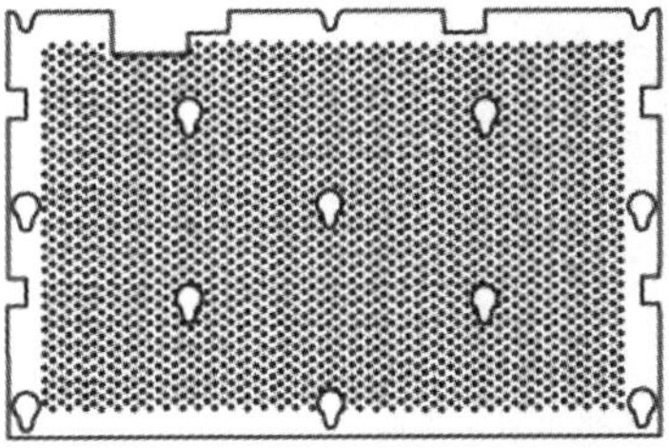

图 5-1-4　多孔打印板

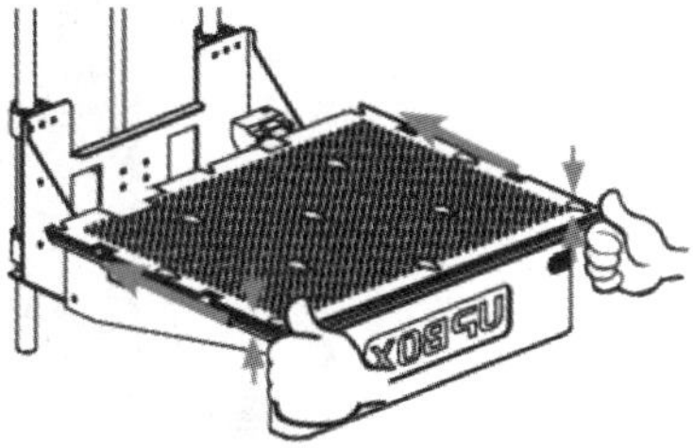

图 5-1-5　多孔打印板安装示意图

2. 安装打印丝材

打开磁盘盖，将丝材插入丝盘架导管中并送入导管，直到丝材从其另一端伸出，将丝盘安装到丝盘架，然后盖好丝盘盖，如图 5-1-6 所示。

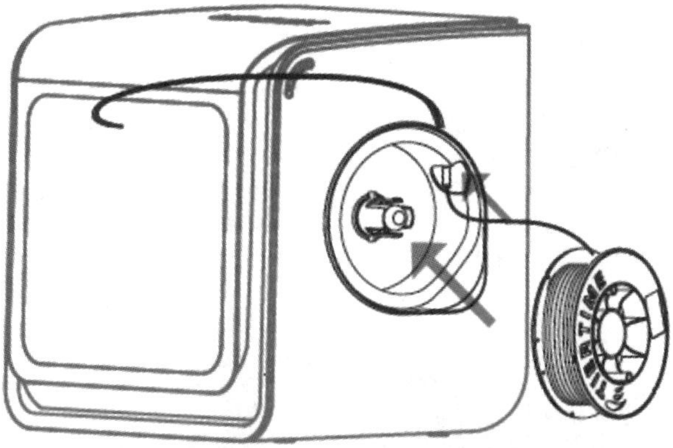

图 5-1-6　丝材安装示意图

3. 打印机初始化

打印机每次开机时都需要初始化。在初始化期间，打印头和打印平台缓慢移动，并会触碰到 X、Y、Z 轴的限位开关；使打印喷头和打印工作台返回打印机出厂时厂家设定的初始位置，建立一个唯一的坐标系。

4. 3D 打印工作台自动水平校准及喷嘴高度测试

(1)平台校准是成功打印的前提，因为它确保第一层的黏附。理想情况下，喷嘴和平台之间的距离是恒定的，但在实际中，由于很多原因(例如平台略微倾斜)，喷嘴和平台之间的距离在不同位置会有所不同，这可能造成制件翘边，甚至打印完全失败。UP-BOX 具有自动平台校准和自动喷嘴对高功能。通过这两个功能，校准过程可以快速方便地完成。

在校准菜单中，选择“自动水平校准”，校准探头将被放下，并开始探测平台上的 9 个位置，如图 5-1-7 所示。在探测平台之后，调平数据将被更新，并储存在机器内，调平探头也将自动缩回，如图 5-1-8 所示。

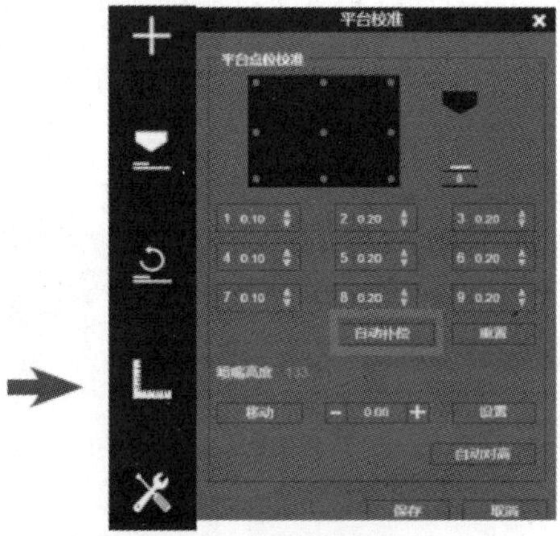

图 5-1-7　喷头水平校准

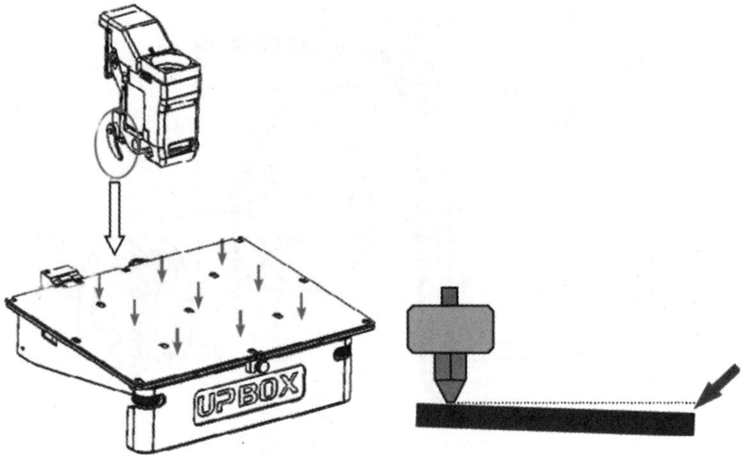

图 5-1-8　喷头校验

(2)3D 打印机喷嘴高度自动测试。喷嘴对高除了可以在自动调平后自动启动外，也可以手动启动。在校准菜单中选择“喷嘴对高”启动该功能，如图 5-1-9 所示。

校准小诀窍：

①在喷嘴未被加热时进行校准。

②在校准之前清除喷嘴上残留的材料。

③在校准前，请把多孔板安装在平台上。

④平台自动校准和喷头对高只能在喷嘴温度低于 80℃状态下进行，喷嘴温度高于 80℃时无法启动这两项功能。

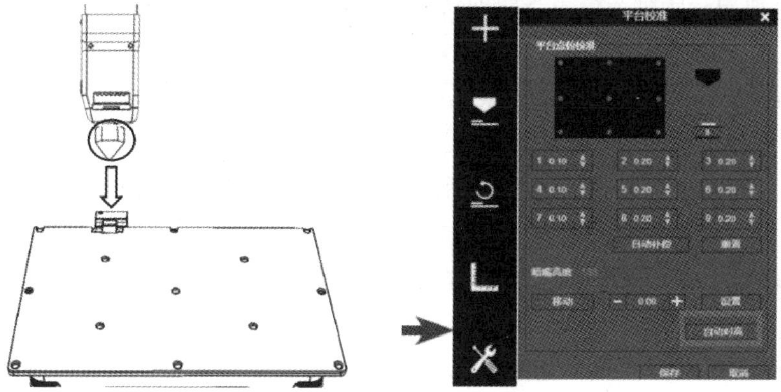

图 5-1-9　喷嘴对高

(3)平台校准-手动粗调。通常情况下,手动校准为非必要步骤。只有在自动调平不能有效调平平台,或遇到自动化程度不高的 3D 打印设备时,才需要手动校准。具体步骤如下。

①一般 3D 打印的平台下部有 3 或 4 个手调螺母,如图 5-1-10 所示。可以上紧或松开这些螺母以调节平台的平度。

图 5-1-10　粗校准平台

②也可以在校准页面使用“移动”按钮将打印平台移动到特定高度,如图 5-1-11所示。将打印头移动到平台中心,并将平台移动到几乎触到喷嘴(也即喷嘴高度)的位置。

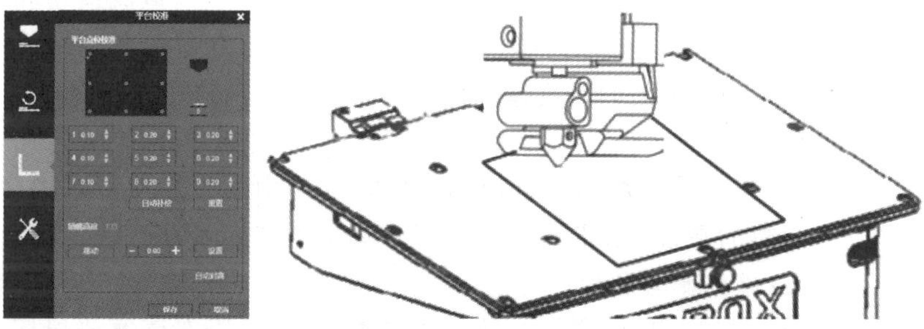

图 5-1-11　粗校验喷嘴

③可使用一张纸来确定平台的高度，尝试移动纸张，并感觉其移动时的阻力。

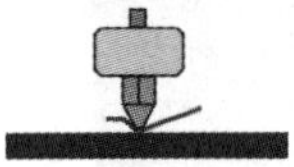

喷嘴将纸张紧压在平台上，表示平台过高，应略微降低平台。

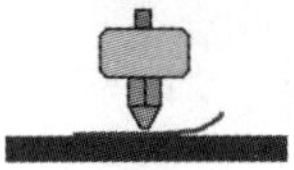

平台过低，当移动纸张时无阻力，略微升高平台。

升高平台，直到其刚刚触碰到喷嘴。在喷嘴和平台之间移动纸张，并查看是否有任何阻力。

④确定高度后，在校准页面使用“设置”按钮，将打印平台设定为喷嘴高度。

5. 准备打印

点击如图 5-1-12 所示的“挤出”按钮。打印头将开始加热，在大约 5 min 之后，打印头的温度将达到丝材的熔点，对于 ABS 而言，温度为 260℃。在打印机发出蜂鸣后，打印头开始顺畅挤出丝材。

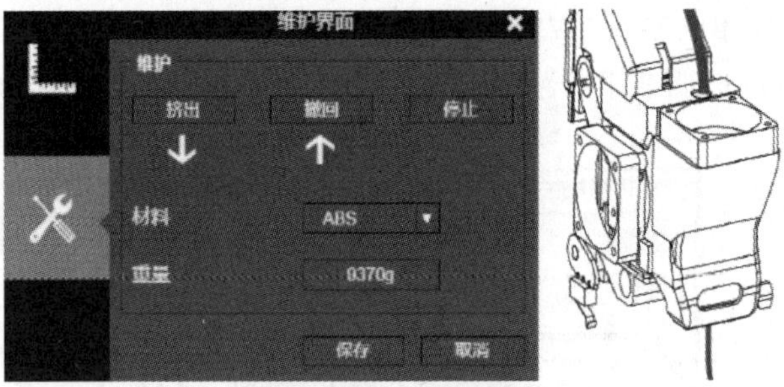

图 5-1-12　预喷丝材

6. 加载模型开始打印

打印准备就绪后，加载模型即可开始打印。

三、打印注意事项与打印机的维护

1）确保精确的喷嘴高度

喷嘴高度值过低将造成变形，过高将使喷嘴撞击平台，从而造成损伤和堵塞。用户可以在“校准”界面手动微调喷嘴的高度值，可以基于之前的打印结果，尝试加减 0.1～0.2 mm 调节喷嘴的高度值。

2）正确校准打印平台

未调平的平台通常造成翘边。请使用“打印”界面中的预热功能对平台进行预热，一个充分预热的平台对于打印大型作品并确保不产生翘边至关重要。

3）打印机的日常保养与维护

①开启 3D 打印机打印前，要仔细做一些检查：喷头是否有堵塞或损坏现象，各部分连接线是否正常，电动机轴承和导轨是否缺油，螺母是否松动，平台是否校准等。

②喷头内有滞留物的要立即清理干净，如图 5-1-13 所示，打印机喷嘴会变得很脏甚至堵塞。用户可以更换新喷嘴，老喷嘴可以保留，清理干净后可以再用。堵塞的喷嘴可以用很多方法去疏通，比如说用 0.4 mm 钻头钻通，在丙酮中浸泡，用热风枪吹通或者用火烧掉堵塞的塑料。

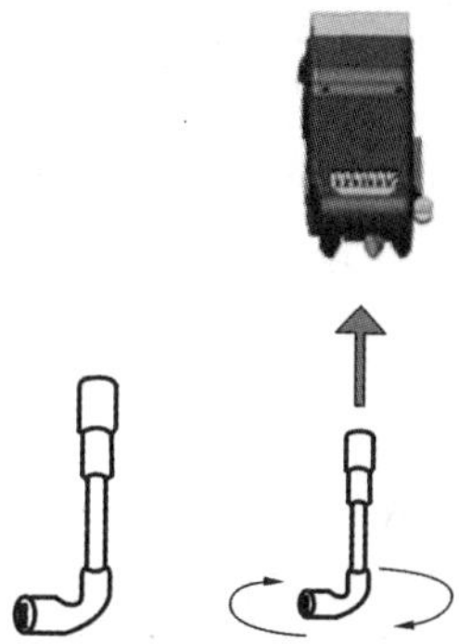

图 5-1-13　清理喷头

③3D 打印机在打印过程中，各参数设定不要超出设备的限制范围，否则不能打印出合格的产品，温度过高或者负载过大等问题也会对设备有损害。

④打印完成后要做好清洁工作，3D 打印机的喷头、平台、导轨、电动机、风扇等上面的污垢要及时清理干净。

任务二　丝材熔融挤压成型的典型案例

一、熔融挤压成型制作零件典型案例

本案例将介绍模型的 3D 打印，打印丝材为 ABS。

(1)3D 打印机通电，打开软件，再点击工具栏“三维打印”，弹出下拉菜单栏，如图 5-2-1 所示，点击“初始化”。

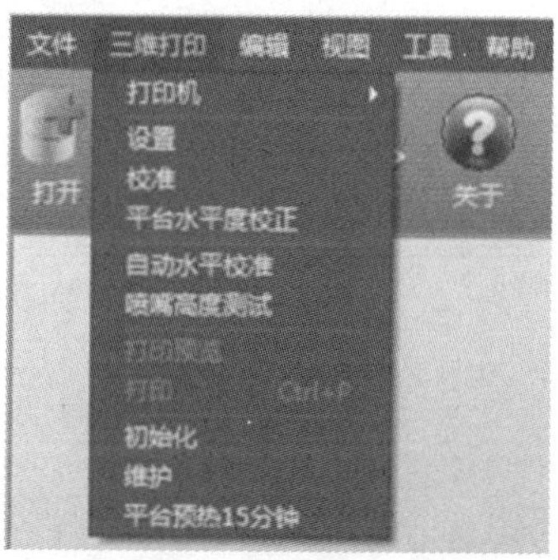

图 5-2-1　UP-BOX 软件工具栏

(2)再点击工具栏“三维打印”，弹出下拉菜单栏，如图 5-2-2 所示，单击“维护”选项，在弹出的对话框中选择“挤出”，喷头进入加热状态。当喷头加热至 270℃时，喷头将自动挤出丝材。

图 5-2-2　预喷丝材

(3)打开软件，根据保存路径选择要打印的三维模型，如图 5-2-3 所示。

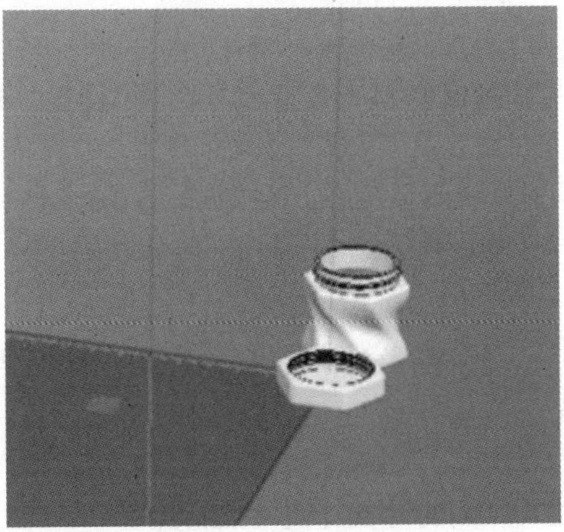

图 5-2-3　导入模型

(4)单击“自动布局”，自动调整模型至默认最佳打印位置，如图 5-2-4 所示。

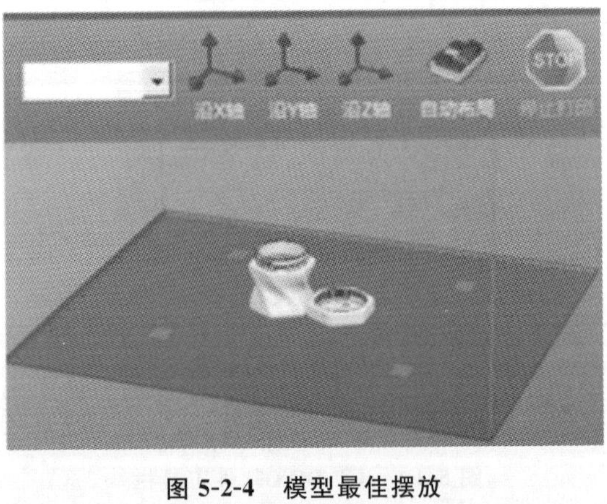

图 5-2-4　模型最佳摆放

(5)单击“设置”选项,弹出“设置”对话框,选择默认参数,单击“确定”,如图5-2-5所示。

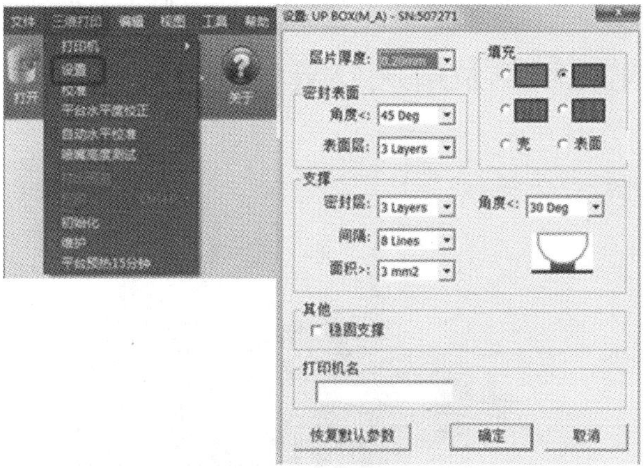

图 5-2-5　打印参数设置

(6)单击“打印”,弹出打印设置窗口;检查参数无误后,单击“确定”,系统自动进行三维模型分层并向打印机传输数据,弹出打印信息预算框,单击“确定”退出,如图 5-2-6 所示。

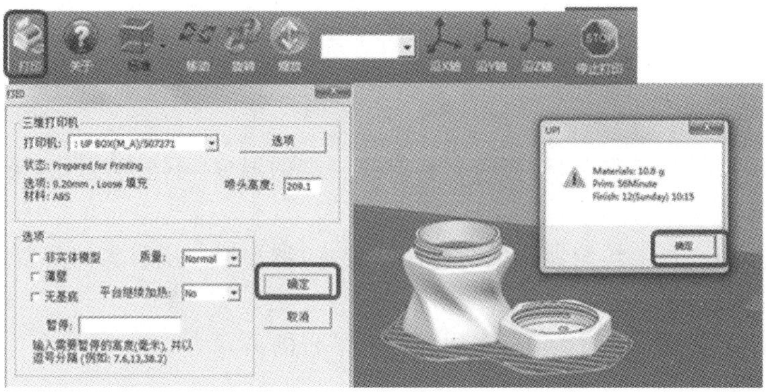

图 5-2-6　进行打印确定

(7)打印结束并等待打印平台冷却后,将打印平台连同打印模型一起从打印机取下来,用小铲从基底拆下。

(8)对模型进行后处理。3D 打印后处理主要是对打印出来的模型表面以及细节进行处理,使模型精度更高,美观度更高。

①取模型、去支撑、修边角。用小铲子把模型从平台上取下来,除去模型上的支撑,再修整边角。

②打磨,抛光。打磨包括:砂纸打磨、电磨、锉刀打磨;震动抛光;珠光处理等。抛光包括:火烤法抛光,溶剂熏蒸法抛光,模型抛光液抛光,蒸汽平滑,表面喷砂。

③上色。除了全彩砂岩的打印技术可以做到彩色 3D 打印之外，其他的一般只可以打印单种颜色。不同材料例如 ABS 塑料、光敏树脂、尼龙、金属等需要使用不一样的颜料。上色方法包括：油漆上色、丙烯上色、喷枪上色、马克笔上色等。

二、成型常见缺陷及解决办法

1. 翘边

翘边缺陷如图 5-2-7 所示。

图 5-2-7　翘边

(1)问题：模型底部一个或多个角翘起，无法水平附着于打印平台上。翘边会导致顶部结构出现横向裂痕。

(2)原因：翘边是常见问题，往往是由于第一层塑料因冷却收缩，使模型边缘卷起。

(3)处理：

①使用加热打印平台，使打印材料保持一定的温度，不至于固化，第一层材料就可平坦地附着于打印平台上。

②在打印平台上均匀地涂上薄薄一层胶水，增加第一层材料的附着力。

③确保打印平台完全水平。

④可能需要增加垫子结构，来加固打印平台的黏着力。

2. 大象腿

大象腿缺陷如图 5-2-8 所示。

图 5-2-8　大象腿缺陷

(1)问题：模型底部(即第一层)比设计的尺寸宽。

(2)原因：为了避免翘边，用户常常会压扁第一层材料。这容易使底部突出而成为“大象腿”；也可能由于随着模型质量的增加而对第一层材料形成挤压，如果此时底层还未固化（尤其是打印机有加热平台的情况下），易形成此问题。

（3）处理：要想同时避免翘边和大象腿问题有点难，为了尽可能减少模型底部的突起，建议调平打印平台，打印喷头略微远离打印平台（但不要太远，否则模型就无法黏附了），此外，略微降低打印平台温度。

如果是自己设计的3D模型，可在模型的底部挖个小倒角，从5 mm和45°的倒角开始试验，直至最理想的效果。

3. 细节丢失

细节丢失的缺陷如图5-2-9所示。

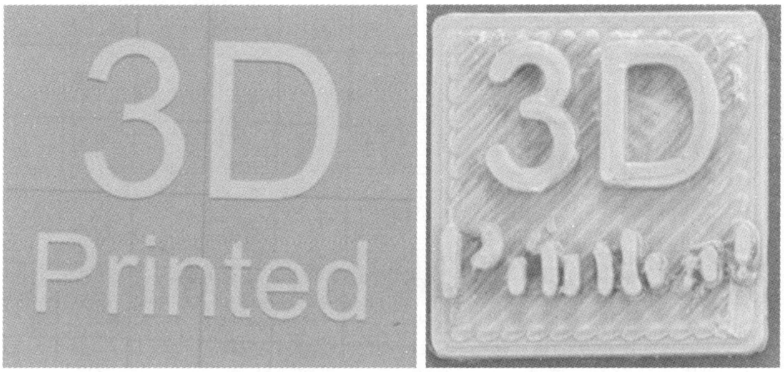

图5-2-9　模型设计效果与模型3D细节丢失的打印效果

（1）问题：从设计到3D打印模型细小特征打印丢失。

（2）原因：国内通用打印喷嘴 ϕ0.4 mm，暂无法挤出宽度比喷嘴直径小的丝。此外，在模型设计时要考虑薄壁特征。

（3）处理：重新设计3D模型细小特征，强制切片软件去打印更小的细节。

4. 顶层稀疏

顶层稀疏缺陷如图5-2-10所示。

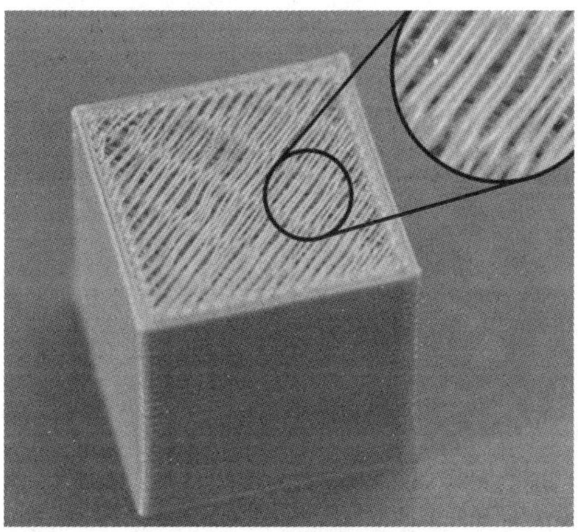

图5-2-10　模型顶层稀疏

(1)问题:打印时模型顶部出现孔洞或缝隙 。

(2)原因:顶部实心层数不足,填充率太低。

(3)处理:调整顶层实心填充层的数量,考虑设计模型顶层厚度和切片软件最小分层的层厚;在切片软件进行数据处理时,填充率越大,越利于打印出严实的上表面。

5. 倾斜的打印件/层错位

打印件倾斜或层错位的缺陷如图 5-2-11 所示。

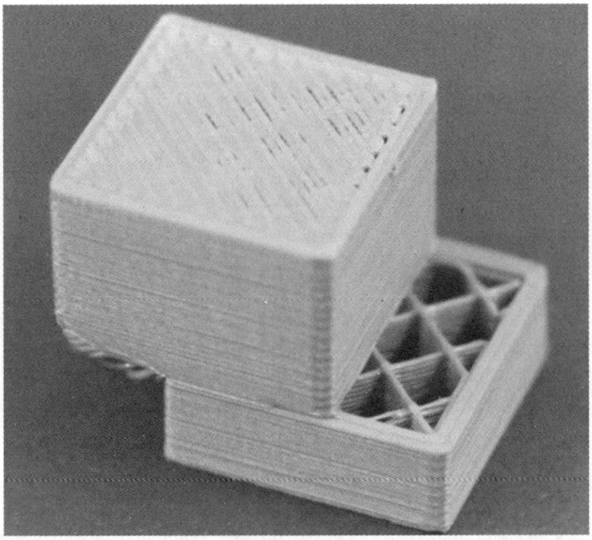

图 5-2-11　模型层错位

(1)问题:上层移位。

(2)原因:X 或 Y 轴的打印头不易移动;X 或 Y 轴没有对齐,也就是说没有构成 100%的直角;有滑轮没有固定到位。

(3)处理:

关掉打印机电源,徒手试试是否能轻松移动各轴。如果感觉僵硬,或者某个方向较难移动,那么在轴上抹一滴机油。

检查各轴是否对齐:向打印机左侧和右侧移动打印头,检查滑块间距、两边的滑轮。重复此步骤,检查打印机前后。如果存在未对齐的情况,松开有问题的滑轮螺丝,略微推动滑块,对齐轴,然后紧固螺丝。另一轴重复上述步骤。

检查滑轮的螺丝是否紧固。需要的话,进行加固。

6. 层未对齐

层未对齐的缺陷如图 5-2-12 所示。

(1)问题:模型中间的一些层出现移位。

(2)原因:

图 5-2-12　模型层未对齐

①打印机皮带没有紧固；

②顶板没有加固，围绕底板摇晃；

③Z 轴有一根杆不够直。

(3)处理：

①检查皮带，根据需要进行加固。

②检查顶板，根据需要进行加固。

③检查 Z 轴杆，更换不直的杆。

7. 丢失层

丢失层的缺陷如图 5-2-13 所示。

图 5-2-13　模型丢失层

(1)问题：由于跳过了某些层，导致存在间隙。

(2)原因：

①由于某些原因，打印机未能在本该打印的层提供所需的塑料材料，造成(临时)未挤出。

②可能细丝(比如直径有差异)、细丝卷、送丝轮存在问题或者喷嘴堵塞。

③打印平台摩擦造成了暂时性的卡死，这是由于垂直杆没有完全与线性轴承对齐。

④Z 轴杆或轴承存在问题：杆歪曲、脏或抹油过度。

(3)处理：

①喷嘴堵塞需清理喷嘴，用 0.2 mm 钻头往复穿透喷嘴，再用酒精灯加热烧喷嘴。

②找到杆和轴承的问题，并解决。

③如果怀疑杆和轴承没有对齐，可查阅打印机用户指南，了解矫正方式。

④找到未挤出的原因会比较难，检查细丝卷和送丝系统，打印测试，查看问题有没重现，有助于找到原因。

8. 高模型出现裂痕

(1)问题：侧面出现裂痕，此问题在高模型中尤其多见。

(2)原因：顶部材料比底部材料降温快——因为加热平台的温度无法传递至高处，因此，顶部材料的黏合度降低。

(3)处理：提高挤出机温度，最好提高 10°C。打印平台温度提高 5～10°C。

9. 下陷

下陷缺陷如图 5-2-14 所示。

图 5-2-14　模型平面下陷

(1)问题：上表面出现凹陷，甚至有洞。

(2)原因：冷却存在问题，上表面不够厚实。

(3)处理：打印上表面时，将冷却风扇设置为最高速；确保上表面至少有 6 层厚度。

10. 拉丝

拉丝缺陷如图 5-2-15 所示。

(1)问题：模型零部件间出现不需要的塑料丝。

(2)原因：打印头在非打印状态下移动时，滴落部分细丝。

图 5-2-15　模型出现拉丝

(3)处理:大多数打印机都有回缩功能,启动此功能后,在非打印状态下移动打印头前打印机就会缩进细丝,这样就不会有多余的打印材料从打印头滴落,形成拉丝了。

任务三　丝材熔融挤压成型技术打印机材料性能

一、熔融挤压成型材料性能

1. 熔融挤压成型的成型材料要求

熔融挤压成型工艺对成型材料的要求是熔融温度低、黏度低、黏结性好、收缩率小。影响材料挤出过程的主要因素是黏度。材料的黏度低,流动性好,阻力就小,有助于材料顺利挤出。材料的黏度高,流动性差,需要很大的送丝压力才能挤出,会增加喷头的启停响应时间,从而影响成型精度。

2. 熔融挤压成型的优势

熔融挤压成型是一种清洁、易用且适合办公室使用的 3D 打印过程。热塑性零件可耐受高温、化学、潮湿或干燥的环境,而且可以抵抗机械应力。可溶性支撑材料能够制造复杂的几何图形和凹槽,这些图形通过传统制造方法很难构建。

3. 熔融挤压成型常用材料

1)ABS

ABS 材料如图 5-3-1 所示,它是丙烯腈、丁二烯和苯乙烯的三元共聚物,A 代表丙烯腈,B 代表丁二烯,S 代表苯乙烯。ABS 为五大合成树脂之一,具有抗冲击性、耐热性、耐低温性、耐化学药品性及优良电气性能,还具有易加工、制品尺寸稳定、表面光泽性好等特点,容易涂装、着色,还可以进行表面喷镀金属、电镀、焊接、热压和黏结等二次加工,广泛应用于机械、汽车、电子电器、仪器仪表、纺织和建筑等工业领域，是一种用途极广的热塑性工程塑料。ABS 的性能如表 5-3-1 所示。

图 5-3-1　ABS 材料

表 5-3-1　ABS 的性能

项目	描述
优点	韧度高、耐高温、易加工、易上色、支撑较易去除
缺点	易翘边、气味难闻
挤出温度	一般为 220～240℃
平台温度	一般为 80～100℃
常见用途	小中尺寸模型，面积较小的平面复杂结构

2）PLA

PLA 是一种新型的可生物降解的材料，如图 5-3-2 所示，使用可再生的植物资源（如玉米）所提取的淀粉原料制成。适用于吹塑、热塑等各种加工方法，加工方便，应用十分广泛。PLA 的性能如表 5-3-2 所示。

图 5-3-2　PLA 材料

表 5-3-2　PLA 的性能

项目	描述
优点	翘边小、硬度高、气味小、可透光
缺点	韧度低、怕高温、难加工、难上色、支撑较难去除
挤出温度	一般为 190～210℃
平台温度	一般为 50～80℃
常见用途	中大尺寸模型，较大面积的平面复杂结构

3)PLA 和 ABS 的区别

PLA 是晶体,ABS 是一种非晶体。加热时,ABS 会慢慢转换为凝胶液体,不经过状态改变。而加热 PLA 时,会像冰一样,直接从固体到液体。

(1)色泽。ABS 呈亚光,而 PLA 很光亮。

(2)温度。加热到 195℃,PLA 可以顺畅挤出,而 ABS 不可以;加热到 220 ℃,ABS 可以顺畅挤出,而 PLA 会出现鼓起的气泡,甚至被碳化,碳化后会堵住喷嘴。

4. 熔融挤压成型的特点及应用

熔融挤压成型技术的优点包括成本低、成型材料范围较广、环境污染较小、设备及材料体积较小、原料利用率高、后处理相对简单等;缺点包括成型时间较长、精度低、需要支撑材料等。

熔融挤压成型应用领域包括概念建模、功能性原型制作、制造加工、最终用途零件制造、修整等方面,涉及汽车、医疗、建筑、娱乐、电子等领域,随着技术的进步,FDM 的应用还在不断拓展。

项目六　激光选区熔化技术

1995年，德国Fraunhofer激光器研究所(Fraunhofer Institute for Laser Technology,ILT)最早提出了激光选区熔化技术(selective laser melting,SLM)，用它能直接成型出接近完全致密度的金属零件。激光选区熔化技术克服了激光选区烧结(selective laser sintering,SLS)技术制造金属零件工艺过程复杂的困扰。激光选区烧结是直接使用激光作为热能量烧结或者熔化高分子聚合物材料作为黏合剂用于黏合金属或者陶瓷，黏合以后通过在熔炉加热聚合物蒸发形成多孔的实体，最后通过渗透低熔点的金属提高密度，减小多孔性激光选区熔化相对于激光选区烧结来说是新的技术，也是激光选区烧结技术的一种延伸，这两种方法，过程基本是一样的，区别在于，激光选区熔化使用金属粉末代替激光选区烧结中的高分子聚合物作为黏合剂，一步直接形成多孔性低的成品，也不需要像激光选区烧结技术中需要渗透。

学习目标

(1)掌握激光选区熔化打印机的操作及维护；

(2)掌握激光选区熔化的特点及应用；

(3)掌握激光选区熔化打印成型技巧。

激光选区熔化是3D打印粒状物成型技术之一，是目前市面上常用的打印技术，制作质量高，机械性能好。

本项目选取如图6-1-1所示的国内主流的激光选区熔化打印机信达雅DiMetal-280，进行讲解。

图6-1-1　DiMetal-280

DiMetal-280 设备主要性能指标如下。

(1)最大成型尺寸:250 mm×250 mm×300 mm;

(2)激光器类型:光纤激光器;

(3)激光器功率:400 W(选配 500 W);

(4)加工层厚:10 ~100 μm ;

(5)加工速度:6~30 cm^3/h;

(6)最小成型特征:100 μm ;

(7)成型材料:不锈钢、钛合金、钴铬合金、铝合金等金属粉末。

任务一　激光选区熔化设备的安装与维护

一、激光选区熔化设备的安装

DiMetal-280 设备由七大功能部件组成,分别是:底架、缸体、成型系统、循环抽真空系统及气体保护系统、光路系统、电气控制系统和钣金外壳,如图 6-1-2 所示。

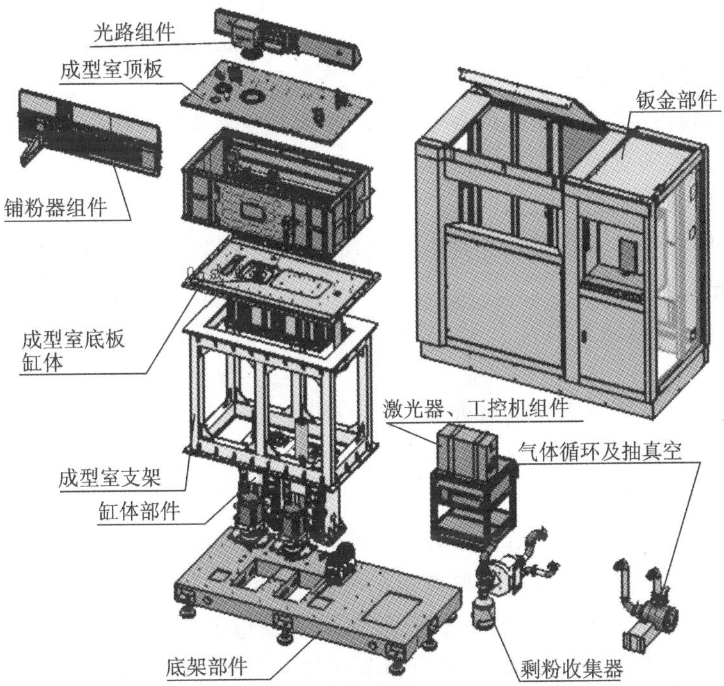

图 6-1-2　DiMetal-280 的主要部件图

二、基本安装流程

激光选区熔化设备的安装流程如图 6-1-3 所示。

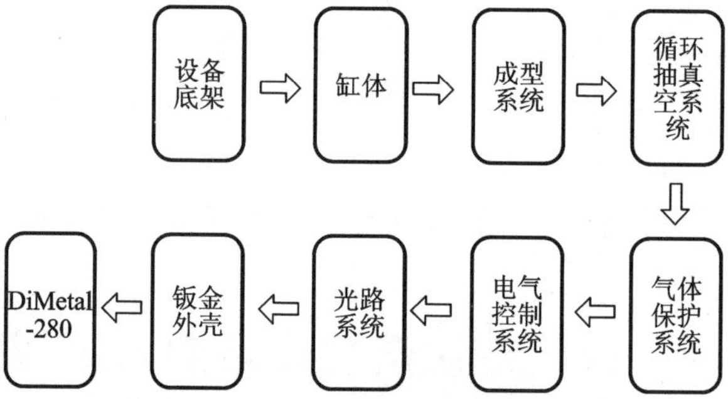

图 6-1-3 基本安装流程

三、设备的维护

激光选区熔化 3D 打印机是光机电一体化的新技术产品，属于精密设备，必须进行日常维护和保养，以便正常工作。每隔半年必须用干燥的氮气对设备各个部件（主要是三个电源箱内部）进行一次大的除尘清洁。日常维护时，要做到工作台面无杂物，周围地面无尘、洁净，定期对打印机的各种功能以及各接头的密封情况进行检测，对已损坏或老化的零件要及时更换，以保证设备的良好性能。

1. 冷却系统的维护

(1)定期检查机器水箱内的存水量，若水量不足应及时填加至水位线；

(2)每月必须更换一次纯净水；

(3)定期清洗水箱和过滤网；

(4)定期检查各水管接口处是否漏水，有漏水则拧紧该处喉箍至不漏水。

2. 激光安全防护

(1)调试、维修激光器部分时，必须配带激光防护眼镜，以防激光辐射对眼睛造成伤害；

(2)严禁将手放到激光出口处，以防伤害皮肤。

(3)使用本机时应配带激光防护眼镜。

3. 打印平台的维护

(1)基板的安装。先把活塞板升至最高，再清洗基板以及活塞板表面，特别注意活塞板上的螺纹孔，若有金属粉末积在里面，需用吸气球把粉末吸出，否则不但损伤螺纹，还可能影响密封；把基板安放在活塞板指定位置，上好螺钉，然后调节螺钉松紧，保证基板水平；最后把基板调节到与成型室底板水平的位置。

(2)基板的拆卸。把基板上的金属粉都扫进集粉漏斗中，用吸气球把基板四角的螺纹孔周围的金属粉吸干净，在把螺钉拧出来，即可把基板取出，若基板与打印件的总质量过高，可用机械吊出；使用线切割把打印物从基板上切下来。

4. 铺粉装置的安装与维护

先把刮刀安装支架安装在铺粉器安装架上，注意确保刮刀安装支架的底面与成型室底板平行；再把刮刀安装板、金属刮刀、刮刀压板组装在一起，然后装在刮刀安装支架上；最后校正金属刮刀底部的平行度。

每次加工前需先进行铺粉测试，若铺粉出现凹凸不均匀现象，则要检查刮刀是否已磨损，若出现磨损则需要更换，且更换后需校正刮刀的水平。

金属刮刀十分锋利，更换时需小心，避免刮伤。

四、激光选区熔化成型机操作

激光选区熔化技术的成型原理如图 6-1-4 所示，光纤激光器发出的高功率激光经过扩束后，通过 X 或 Y 轴振镜反射并在水平面或竖直平面聚焦扫描，由计算机控制扫描振镜，根据切片后填充的轮廓信息，选区熔化金属粉末，每层加工完成后，成型缸下降一层厚度，盛粉缸上升一定高度，铺粉装置将新的粉末铺展到刚刚完成的成型面上，重复上述激光扫描，直到整个零件制作完成。

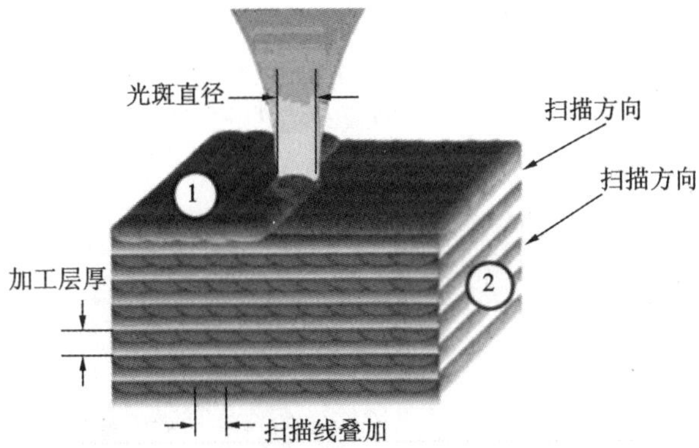

图 6-1-4　激光选区熔化成型基本原理

五、控制软件的基本操作

激光选区熔化工艺流程如图 6-1-5 所示，激光选区熔化工艺所涉及的专业软件主要有三类：①切片软件与支撑生成软件；②扫描路径生成软件；③设备总控制软件。

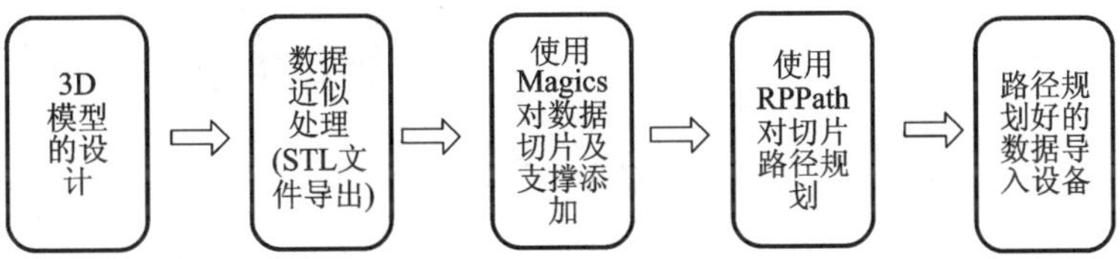

图 6-1-5　激光选区熔化工艺流程

六、激光选区熔化的特点及应用

1. 激光选区熔化的主要优点

(1) 成型的金属零件致密度高，可达 90%以上，某几种金属材料成型后的致密度近乎 100%；抗拉强度等机械性能指标优于铸件，甚至可达到锻件水平；显微维氏硬度可高于锻件。

(2) 打印过程中粉末完全融化，因此尺寸精度较高。

(3) 与传统减材制造相比，可节约大量材料，对于较昂贵的金属材料而言，可节约一定成本。

2. 激光选区熔化的主要缺点

(1) 成型速度较低，为了提高加工精度，加工层厚较薄，加工小体积零件所用时间也较长，因此难以应用于大规模制造；

(2) 设备稳定性、可重复性还需要提高；

(3) 零件的表面粗糙度较高；

(4) 熔化金属粉末需要大功率激光，能耗较高。

3. 激光选区熔化的应用

由于能够实现较高的打印精度和足够的机械性能，激光选区熔化不仅可用于模型、样机的制造，也可用于复杂形状的金属零件的小批量生产，能够应用于航空航天、医疗用品等领域(见图 6-1-6)。

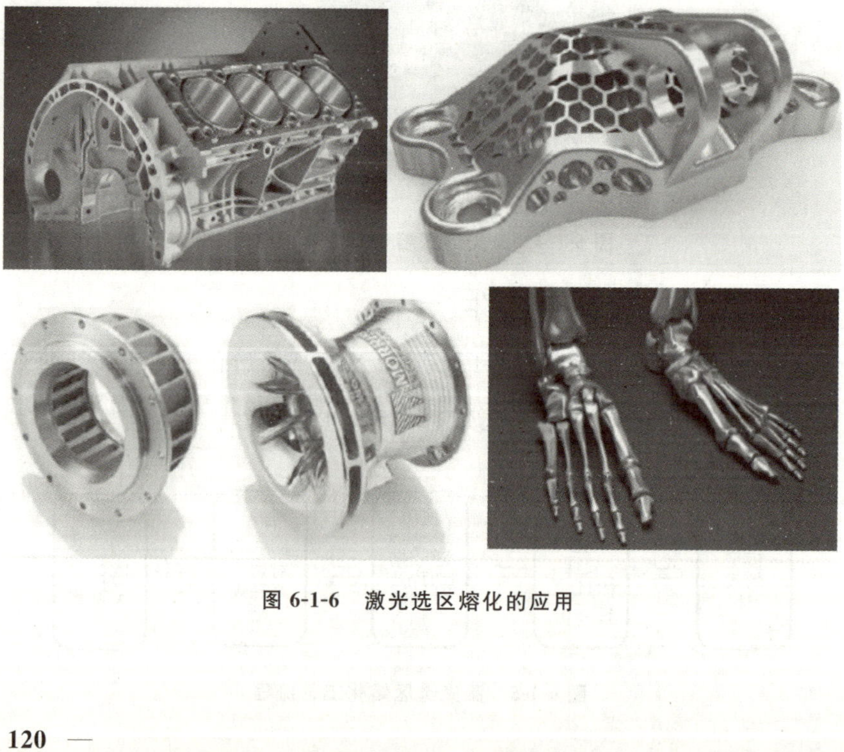

图 6-1-6　激光选区熔化的应用

任务二　激光选区熔化的典型案例

本任务以如图 6-2-1 所示的医疗义齿支架的制作为例，讲解如何通过 Magics 软件对三维模型数据进行切片，导出 SLC 文件，以方便后面对数据进行路径规划加载及模型制作。

激光选区熔化成型机的制作零件流程如图 6-2-2 所示，可分为三步：数据准备、快速成型制作及后处理。

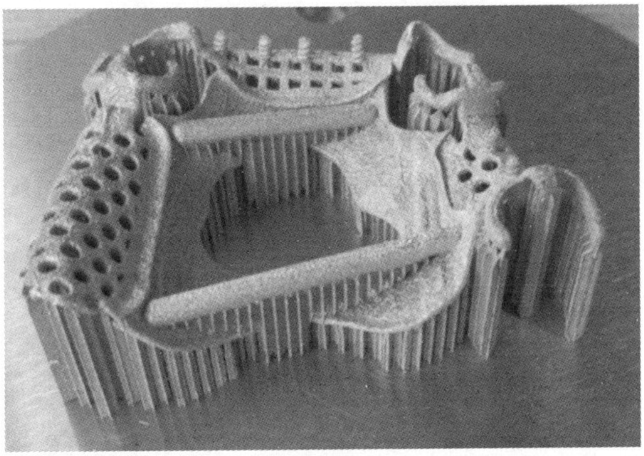

图 6-2-1　医疗义齿支架

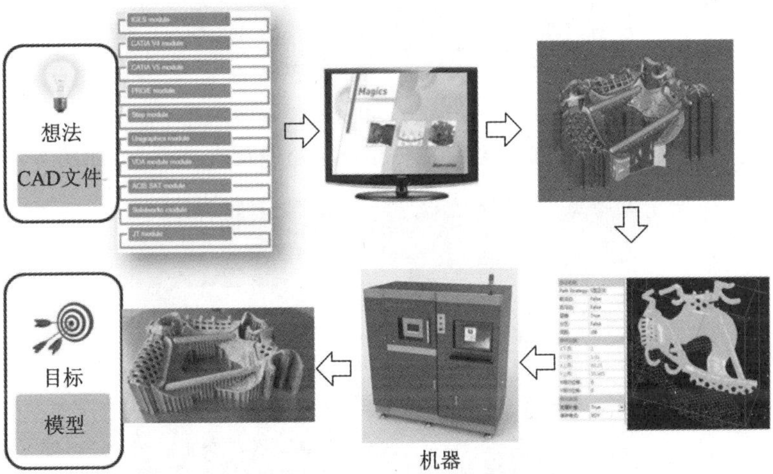

图 6-2-2　医疗义齿支架制作流程

一、Magics 对零件的分层处理及支撑添加

(1)将义齿支架数据导进 Magics 软件,如图 6-2-3 所示。

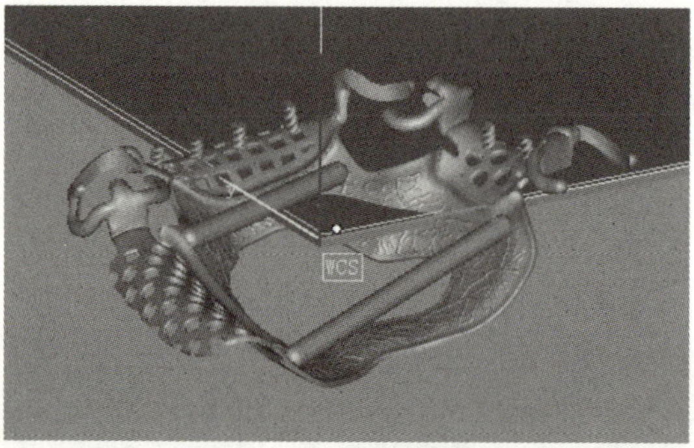

图 6-2-3 导入数据

(2)将义齿支架在 Magics 软件中进行合理摆放,如图 6-2-4 所示。

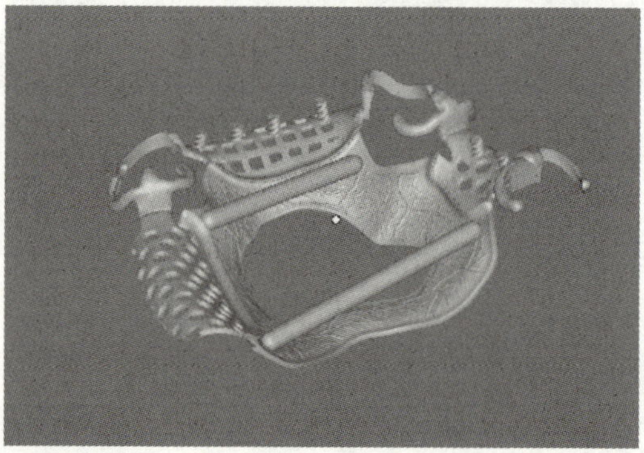

图 6-2-4 摆放支架

(3)将义齿支架在 Magics 软件中进行分层处理及支撑添加,如图 6-2-5 所示。

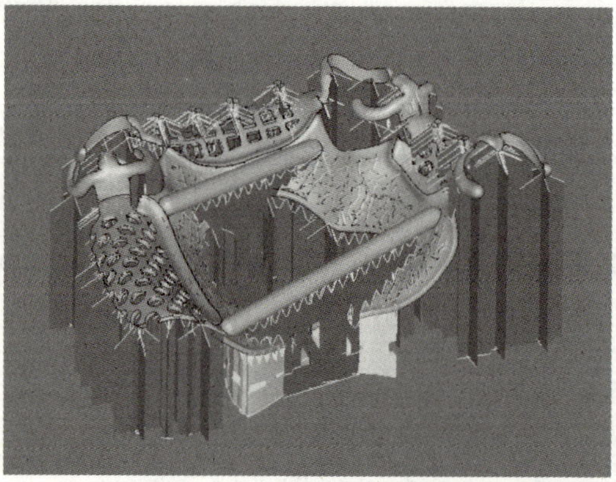

图 6-2-5 分层处理及支撑添加

(4)将义齿支架分层数据导出,如图 6-2-6 所示。

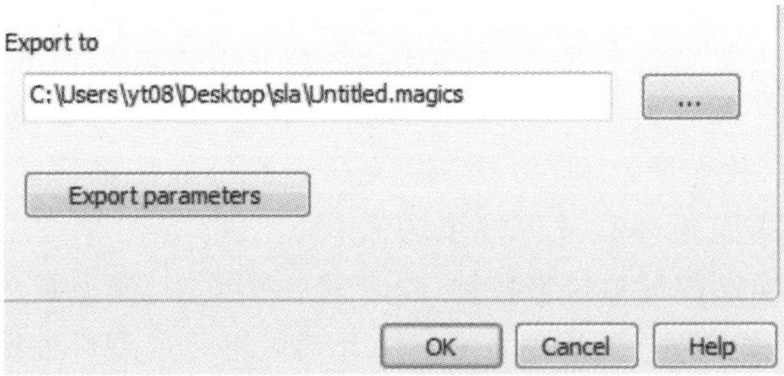

图 6-2-6　分层数据导出

(5)义齿支架分层数据路径规划,如图 6-2-7 所示。

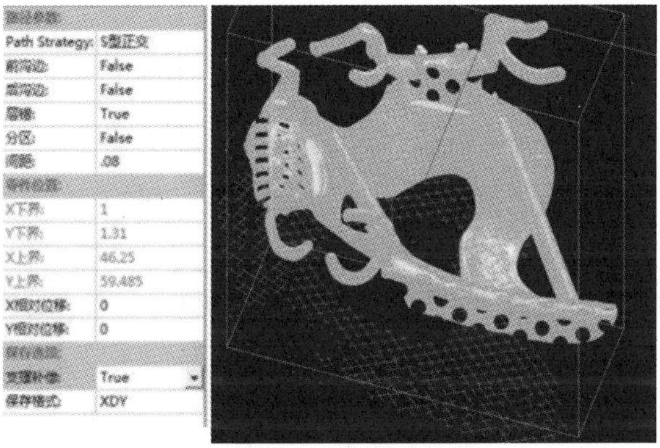

图 6-2-7　分层数据路径规划

(6)将 Magics 处理的数据导入设备,如图 6-2-8 所示。

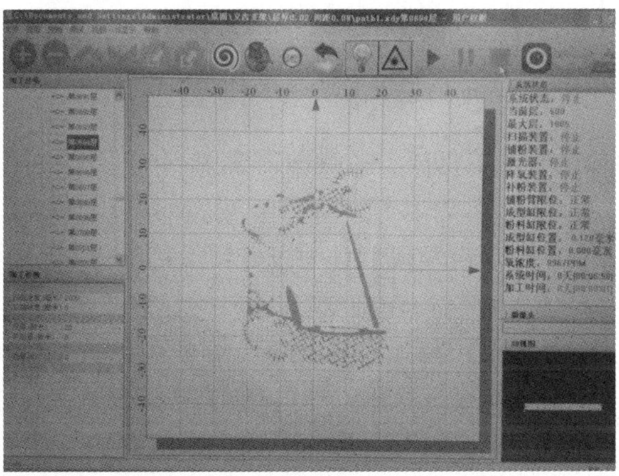

图 6-2-8　导入设备

二、影响激光选区熔化成型质量因素认知

国外研究工作者总结发现，影响激光选区熔化成型质量的因素达到130个之多，其中，主要因素可分为六大类，包括：材料（成分、粒度分布、流动性、形状等），激光与光路系统（激光模式、波长、功率、光斑直径等），扫描特征（扫描速度、扫描方法、层厚、扫描线间距等），外界环境因素（氧含量、湿度等），几何特性（支撑添加、几何特征、空间摆放等），机械特性（粉末铺展平整性、成型缸运动精度、铺粉装置的稳定性等）。如图6-2-9所示。考察激光选区熔化成型件性能的指标，主要包括致密度、尺寸精度、表面粗糙度、零件内部残余应力、强度与硬度六个，其他特殊应用的零件需根据行业要求进行相关指标检测。

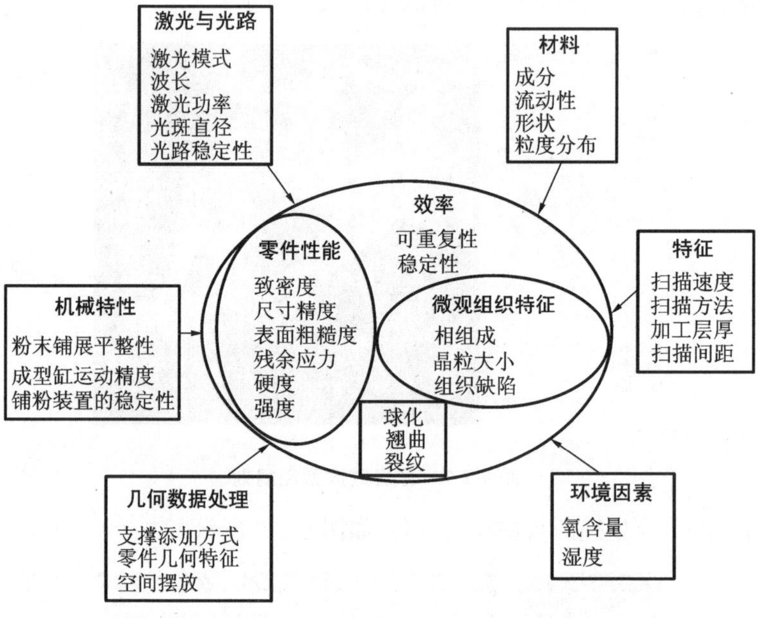

图6-2-9　影响激光选区熔化成型质量的因素

在上述影响激光选区熔化成型质量的因素中，有些不需要再进行考虑，因为它们在所有的快速成型工艺中具有同样的影响，如扫描间距和铺粉装置的稳定性。然而，另外一些变量需要根据材料不同而作出调整，在没有相关研究经验存在情况下，需要从实验上去推断这些影响因素对激光选区熔化方法直接成型金属质量的影响。另外，实验过程中一些细节因素对成型质量的影响也非常大，具体包括如下几个方面：①铺粉装置的设计原理、铺粉速度、铺粉刮刀或柔性齿与粉床上表面之间的距离、铺粉刮刀或柔性齿条与基板的水平度；②粉末被加工次数，粉末是否烘干及粉末氧化程度；③加工零件的尺寸（包括 X、Y、Z 三个方向）、立体摆放方式、最大的横截面积、成型零件与铺粉刮刀或柔性齿条的接触长度。在成型

的过程中，这些细节因素如果控制不好，成型的零件质量低，甚至成型过程中需要停机，实验的稳定性、可重复性得不到保证。

三、激光选区熔化材料的认知

与激光选区烧结类似，可以用于激光选区熔化的粉末材料（见图 6-2-10）也比较广泛，一般可以将激光选区熔化技术使用的粉末材料分为三类，分别是混合粉末、预合金粉末、单质金属粉末。

图 6-2-10　激光选区熔化材料

（1）混合粉末。混合粉末由比例不同的粉末混合而成，在设计过程中需要考虑激光光斑大小对粉末粒度的要求。现有的研究表明，利用激光选区熔化成型的构件机械性能受致密度、成型均匀度的影响，而目前混合粉的致密度还有待提高。

（2）预合金粉末。根据成分不同，可以将预合金粉末分为镍基、钴基、钛基、铁基、钨基、铜基等，研究表明，预合金粉末材料制造的构件致密度可以超过 95%。

（3）单质金属粉末。单质金属粉末主要为金属钛，其成型性较好，致密度可达到 98%。

利用激光熔化，由金属和热硬性材料组成的混合物生产金属工件也是可能的。当热硬性材料经激光照射时，材料会立刻转变为具有黏性的液体。以选择性激光熔化环氧树脂和铁粉末混合物为例，在分子中的极性基团（例如环氧树脂基团）与树脂基团同时被极化，液体从由气孔构成的空洞中流出浸润金属颗粒，这样在不同的粒子之间就形成了一个桥梁。黏结效果主要受树脂与铁之间界面特性的控制。由于铁元素的磁性，铁质材料表面常常会吸附如 H、O 和 HCl，使得铁质表面附着有活性氢原子。附着在树脂分子极性基上带负电的氧原子，与铁质结构表面上的活性带正电的氢原子发生反应。铁质粒子连接强度很大，主要原因是原子结合力比那些发生在铁质材料表面和其他无极性聚合物之间的分子间结合力要大。温度升高时，树脂黏性会降低，黏稠的液体可以更好地扩散。因此，会有更多的铁质材料表面附着树脂。然而，由过多激光能量诱发的树脂降解也可能会发生，从而降低连接的能力。

项目七　其他3D打印技术

除了书本介绍常用的熔融挤压成型、光固化成型、激光选区烧结/熔化的3D打印技术外，还有分层实体制造、数字光处理、电子束选区熔化等不同类型的3D打印技术在性能、成型方式、成型材料等方面有着很大的差异。通过本项目学习，了解不同类型的3D打印技术在不同的领域的应用。

学习目标

(1)掌握分层实体制造技术的成型原理及应用；

(2)掌握数字光处理技术的成型原理及应用；

(3)掌握电子束选区熔化技术的成型原理及应用。

任务一　薄材分层实体制造3D打印技术

一、分层实体制造的原理

分层实体制造(laminated object manufacturing，LOM)法又称叠层实体制造法，它以片材(如纸片、塑料薄膜或复合材料)为原材料，其成型原理如图7-1-1所示，激光切割系统按照计算机提取的横截面轮廓线数据，将背面涂有热熔胶的纸用激光切割出工件的内外轮廓。切割完一层后，送料机构将新的一层纸叠加上去，利用热黏压装置将新送进的纸与已切割层黏合在一起，然后再进行切割，这样一层层地切割、黏压，最终成为三维工件。LOM常用材料是纸、金属箔、塑料膜、陶瓷膜等，此方法除了可以制造模具、模型外，还可以直接制造结构件或功能件。

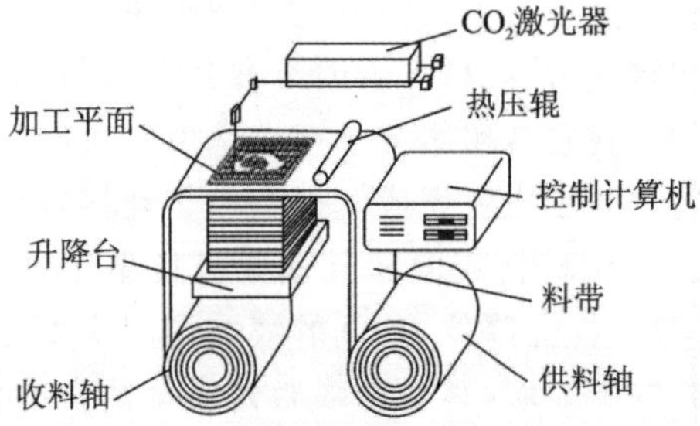

图7-1-1　分层实体制造原理

二、分层实体制造的步骤

分层实体制造工艺加工步骤如下：

(1)加工时，热压辊热压材料，使之与下面已成型的工件黏结。用 CO_2 激光器在刚黏结的新层上切割出零件截面轮廓和工件外框，并在截面轮廓与外框之间多余的区域内切割上下对齐的网格。

(2)光切割完成后，工作台带动已经成型的工件下降，与带状片材(料带)分离；使新层移到加工区域，工作台上升到加工平面。

(3)热压辊热压。工件的层数增加一层，高度增加一个料厚；再在新层上切割截面轮廓。如此反复直至零件的所有截面切割、黏结完，最后将不需要的材料剥离，得到三维实体零件。

三、分层实体制造对材料和工艺的要求

分层实体制造成型工艺的成型材料涉及三个方面的问题：薄层材料、黏结剂和涂布工艺。目前的薄层材料多为纸材，黏结剂一般多为热熔胶。纸材的选取，热熔胶的配制及涂布工艺既要保证成型零件的质量，同时又要考虑成本。

1. 纸的性能

对纸材的要求如下：

(1)抗湿性。保证纸原料(卷轴纸)不会因时间长而吸水，从而保证热压过程中不会因水分的损失而产生变形和黏结不牢。

(2)良好的浸润性。保证良好的涂胶性能。

(3)收缩率小。保证热压过程中不会因部分水分损失而变形。

(4)一定的抗拉强度。保证加工过程中不被拉断。

(5)剥离性能好。因剥离时破坏发生在纸张内部，纸的垂直方向抗拉强度要求不高。

(6)易打磨。能打磨至表面光滑。

(7)稳定性好。成型零件可以长时间保存。

2. 热熔胶

分层实体制造中的成型材料多为涂有热熔胶的纸材，层与层之间的黏结是由热熔胶来保证的。热熔胶的种类很多，最常用的是EVA，占热熔胶总销量的80%左右。为了得到较好的使用效果，在热熔胶中还要增加其他的组分，如增黏剂、蜡等。分层实体制造工艺对热熔胶的基本要求如下：

(1)良好的热熔冷固性。要求在70～100℃开始熔化，室温下固化。

(2)在反复熔化-固化条件下，具有较好的物理化学稳定性。

(3)熔融状态下与纸具有较好的涂挂性与涂匀性。

(4)与纸具有足够的黏结强度。

(5)良好的废料分离性能。

3. 涂布工艺

涂布工艺包括涂布形状和涂布厚度。

涂布形状指的是采用均匀式涂布还是非均匀式涂布。均匀式涂布采用狭缝式刮板进行涂布，非均匀式涂布有条纹式和颗粒式。非均匀式涂布可以减小应力集中，但涂布设备价格高。

涂布厚度指的是在纸材上涂胶厚度。在保证可靠黏结的情况下，尽可能涂薄一些，这样可以减少变形、溢胶和错位。

四、分层实体制造工艺的特征

1. 分层实体制造工艺的优点

(1)原形零件精度高。进行薄形材料选择性切割成型时，在原材料(涂胶的纸)中，只有极薄的一层胶发生状态变化，由固态变为熔融态，而主要的基底纸仍保持固态不变，因此翘曲变形较小。

分层实体制造成型工艺采用了特殊的上胶工艺，吸附在纸上的胶呈微粒状分布。用这种工艺制作的纸比热熔涂布法制作的纸有较小的翘曲变形。

(2)制件能承受200℃的高温，有较高的硬度和较好的机械性能，可进行各种切削加工。

(3)操作方便。

2. 分层实体制造成型工艺的缺点

(1)废料难以剥离；

(2)不能直接制作塑料工件；

(3)工件(特别是薄壁件)的强度和弹性不够好；

(4)工件易吸湿膨胀，因此，成型后应尽快进行表面防潮处理；

(5)工件表面有台阶纹，其高度等于材料的厚度(通常为0.1 mm左右)，成型后需进行表面打磨。

任务二　数字光处理技术

一、数字光处理工艺的工作原理

数字光处理(digtal light processing，DLP)技术是3D打印成型技术的一种，称为数字光处理快速成型技术。数字光处理技术与光固化成型有很多相似之处，其工作原理也是利用液态光敏聚合物在光照射下固化的特性而成型，如图 7-2-1 所示。数字光处理技术使用一种较高分辨率的数字光处理器来固化液态光聚合物，逐层对液态聚合物进行固化，如此循环往复，直到最终模型完成。数字光处理成型技术一般采用光敏树脂作为打印材料。

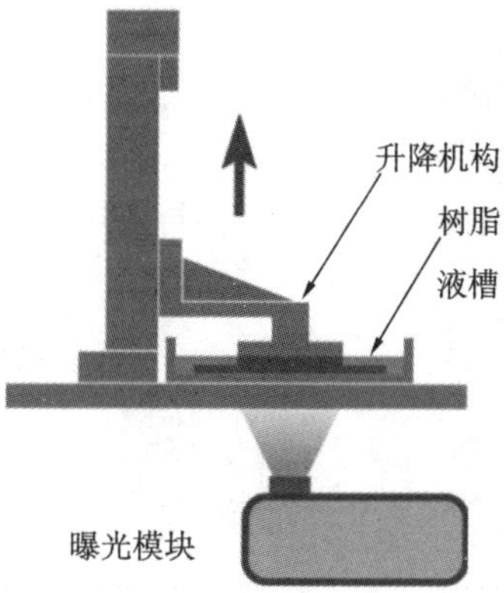

图 7-2-1　数字光处理工作原理示意图

二、数字光处理技术的优缺点

在成型时，光固化成型一般是由点到线、再由线到面，而数字光处理则是一层一层地成型。因此，数字光处理成型的速度要比光固化成型快。由于造价较高，基于数字光处理技术的 3D 打印机价格要比熔融挤压成型机型高，甚至比光固化成型机型高。

数字光处理技术的主要优点：

(1)打印速度快，甚至比光固化成型都快。

(2)打印精度高。

(3)打印分辨率高，物体表面光滑。

数字光处理技术的主要缺点：

(1)机型造价高。

(2)所用的液态树脂材料较贵，并且容易造成材料浪费。

(3)使用的液态树脂材料具有一定的毒性，使用时需密闭。

三、数字光处理打印材料

数字光处理的 3D 打印机耗材与光固化的类似，一般也为液态光敏树脂。光敏树脂是一类在紫外线照射下借助光敏剂的作用能发生聚合并交联固化的树脂，由光敏剂和树脂组成。

四、数字光处理应用

数字光处理主要应用于对精度和表面光洁度要求高但对成本相对不敏感的领域，如珠宝首饰、生物医疗、文化创意、航空航天、建筑工程、高端制造，如图 7-2-2 所示。

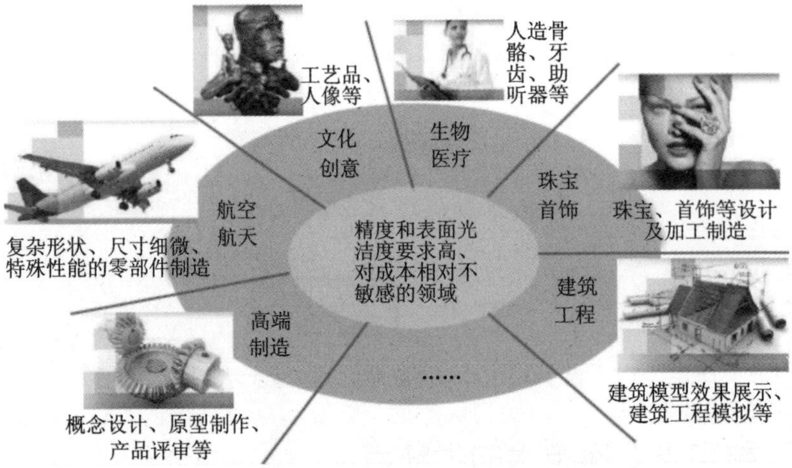

图 7-2-2　数字光处理的应用

任务三　电子束选区熔化 3D 打印技术

一、工作原理

电子束选区熔化(electron beam melting, EBM)也是一种金属增材制造技术。电子束选区熔化的工作原理与激光选区熔化相似(见图 7-3-1)，都是将金属粉末完全熔化后成型。其主要区别在于激光选区熔化技术是使用激光来熔化金属粉末，而电子束选区熔化技术是使用高能电子束来熔化金属粉末。计算机将物体的三维数据转化为一层层截面的 2D 数据并传输给打印机，打印机在铺设好的粉末上方选择性地向粉末发射电子束，电子的动能转换为热能，选区内的金属粉末加热到完全熔化后成型，加工成当前层。然后活塞使工作台降低一个单位的高度，新的一层粉末涂敷在已烧结的当前层之上，设备调入新一层截面的数据进行加工，与前一层截面黏结，此过程逐层循环直至整个物体成型。

电子束选区熔化对零件的制造过程需要在高真空环境中进行，一方面是防止电子散射，另一方面是某些金属(如钛)在高温条件下会变得非常活泼，真空环境可以防止金属的氧化。典型设备为 Arcam 公司的产品 Q10、Q20、A2X(见图7-3-2)等。

图 7-3-1　电子束选区熔化原理示意

图 7-3-2　Arcam A2X 设备

Arcam A2X 设备主要性能指标如下:

(1) 最大成型尺寸:200 mm×200 mm×380 mm。

(2) 层厚:0.05 mm。

(3) 成型速度:55/80 cm^3/h(Ti6Al4V 材料)。

(4) 扫描速度:最高 8000 m/s。

(5) 功率:50～3000 W(连续可变)。

二、电子束选区熔化技术的特点

电子束选熔化技术同样具有激光选区熔化技术的致密度高、机械性能好、硬度高、尺寸精度较高、节约材料等优点。

与激光选区熔化相比,电子束选区熔化技术的主要优点如下。

(1)电子束的能量转换效率非常高,远高于激光,因此能量密度更高,粉末材料熔化速度更快,因此可以得到更快的成型速度,且节省能源。

(2)高能量密度能够熔化熔点高达 3400 ℃的金属。

(3)电子束的扫描速度远高于激光,因此在造型时一层一层扫描造型台整体进行预热以提高电子粉末的温度。经过预热的粉末在造型后残余应力较小，在特定形状的造型会有优势，且无需热处理。

电子束选区熔化技术同样具有激光选区熔化技术的成型效率低、设备稳定性低、可重复性低、表面粗糙度高等缺点。

与激光选区熔化相比，电子束选区熔化技术还具有如下缺点。

(1)由于电子束选区熔化对粉末进行预热，金属粉末会变成类似假烧结的状态，造型结束后，激光选区熔化的未造型粉末极易清除，而电子束选区熔化的未造型粉末需要通过喷砂去除，但是复杂造型内部会有难以去除的问题。

(2)需要额外制造真空工作环境的系统。

三、电子束选区熔化技术的应用

电子束选区熔化可用于模型、样机的制造，也可用于复杂形状的金属零件的小批量生产。目前电子束选区熔化主要应用于航空航天领域，如制造起落架部件和火箭发动机部件等，同时可应用于医学领域，目前已经有成功案例。

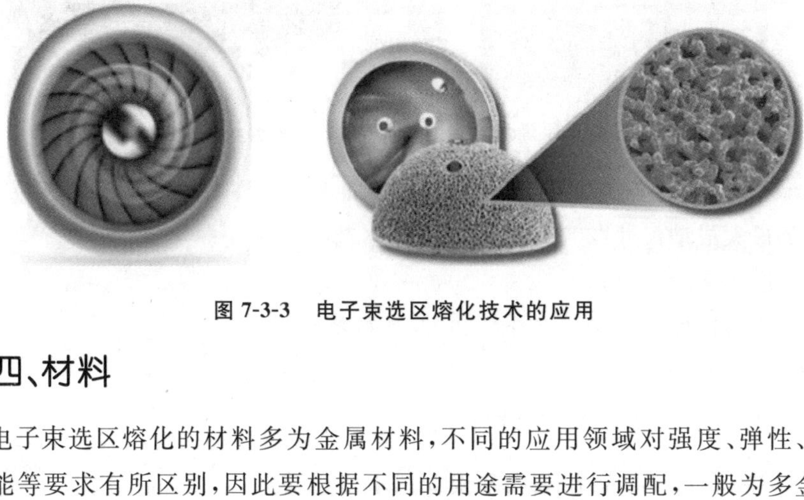

图 7-3-3　电子束选区熔化技术的应用

四、材料

电子束选区熔化的材料多为金属材料，不同的应用领域对强度、弹性、硬度、热性能等要求有所区别，因此要根据不同的用途需要进行调配，一般为多金属混合粉末合金材料，如目前主流的 Ti6Al4V、钴铬合金、高温铜合金等。这些材料具有自己独有的一些特征，如高温铜合金具有高相对强度、潜在的用于高热焊剂的应用、极好的升高温度强度、极好的热传导性、好的抗蠕变性等特征。

附录一

3D 打印训练单

项目名称		学时		班级	
姓　名		学号		成绩	
实训设备		地点		日期	
训练任务					
5S 工作：请针对清理整顿情况勾选： □ 已整理工作台面，桌椅放置整齐 □ 工具器材已放至指定位置，并按要求摆好 □ 已清扫所在场所，无垃圾 □ 所使用设备已按要求关机断电 □ 门窗已按要求锁好，熄灯 □ 已填写物品使用记录 小组长审核签名：					

课外作业：

附录二

3D 打印实训报告

一、实训目的

二、实训设备

三、实训内容

四、实训过程

五、实训总结
（总结实训过程及实训过程出现的问题和解决方法）

参考文献

[1] 王广春,赵国群.快速成形与快速模具制造技术及其应用[M].北京:机械工业出版社,2013.

[2] 王永信.快速成型及真空注型技术与应用[M].西安:西安交通大学出版社,2014.

[3] 原红玲.快速制造技术及应用[M].北京:航天工业出版社,2015.

[4] 孙建英.选择性激光烧结技术及其在模具制造领域的应用[J].煤炭机械,2006,27(7):112-113.

[5] 陈雪芳,孙春华.逆向工程与快速成形技术应用[M].北京:机械工业出版社,2009.

[6] 杨晓雪.Geomagic DesignX 三维建模案例教程[M].北京:机械工业出版社,2016.